起業のすすめ

さよなら、サラリーマン

佐々木紀彦

文藝春秋

起業のすすめ　さよなら、サラリーマン　目次

はじめに　私が起業を決断した日

明治の志士がもし生きていたら

2度目の緊急事態宣言下の2021年3月。私はコツコツと起業準備をしながら、毎晩、大河ドラマの「龍馬伝」を楽しむのが日課でした。家族が寝静まった頃に、ベッドに横たわりながら、龍馬ワールドにひたるのが至福の時間。時にウトウトして現実とドラマの境目がなくなり、明治維新の時代にタイムスリップしたような錯覚に陥りました（夢にまで龍馬が出てきました）。

全48話を通して考え続けたのは、「今、維新の志士たちが生きていたら、日本のために何をするだろうか」ということです。政治家になるのか、官僚になるのか、言論人になるのか、はたまた大企業の経営者になるのか――私はどれも違うなと思いました。

彼らが選ぶのは、きっと起業家という道。今の秩序や正解を疑い、かき回し、世界に学びながら、あらゆる分野で「新時代の日本」を創っていったのではないでしょうか。ワクワクするような大義を語りながら（胡散臭《うさんくさ》くもありながら）。

龍馬は〝メガスタートアップの起業家〟として、世界中を飛び回り、大物の懐《ふところ》に食い込んで、次々と事業を立ち上げていくはずです。明治期の最新テクノロジーは運輸と軍事でしたが、現代はインターネットとＡＩ。亀山社中のように脱藩藩士《だっぱんはんし》（今でいうと、大組織を飛び出した若者）を集めて、孫正義さんすら超えるくらいのスケールで、大勝負を仕掛けていたでしょう。

　龍馬のことなので、地球を超えて、宇宙ビジネスにも並々ならぬ関心を示したはずです。イーロン・マスクやジェフ・ベゾスと張り合うビジネスインフルエンサーとして、世界屈指のＳＮＳフォロワー数やユーチューブチャンネル登録数を誇っているかもしれません。

　龍馬の師匠たる勝海舟は、「政策起業家」として政府の改革に真っしぐら。「てめえら、何を今さらＤＸだなんて古いこと言ってんだよ」と呆《あき》れつつも、縦割りとアナログ化が極まりない政府を一気にリープフロッグさせたでしょう。

　民間から腕っこきのエンジニアを連れてきて、世界が羨《うらや》むようなデジタル政府を設立。「個人情報保護が……」と金科玉条《きんかぎょくじょう》のごとく叫ぶメディアを軽々と論破し、世論を味方に引きつけて、マイナンバーの統一化もあっさり実現させるでしょう。

　海軍リーダー養成のため、神戸海軍操練所を創設した勝のことですから、日本のテクノロジーをワールドクラスに引き上げるべく、全国から野心と才能ある若者をかき集め、最先端の教育プログラムを提供したはずです。裕福でない家庭の若者も参画できるよう、たっぷり奨学金もかき集めて。

「日本の未来は、ローカルにあるでごわす」。西郷隆盛が執心するのは、地域創生と軍事です。とくに地域の要たる農業には並々ならぬ情熱を注ぎ、「農業起業家」として東西奔走したでしょう。ロボットやドローンを駆使して人手不足を解決したり、ECやマーケティングを強化して世界に作物を売り込んだり、各地の農家と車座になって、芋焼酎を酌《く》み交わす西郷の姿が目に浮かびます。軍事のプロであった西郷は、「軍事起業家」としても本領を発揮。インテリジェンス活動にも長《た》けていただけに、日本の防衛力を強化すべく、サイバーセキュリティの発展にも尽力したはずです。

福澤諭吉が大雷を落とす

福澤諭吉は、「教育起業家」「ベンチャーキャピタリスト」「メディア起業家」として大いに暴れ回るに違いありません。まず、日本の大学の体《てい》たらくに怒り狂うことは必至。母校の慶應大学を改革するよりもむしろ、慶應より断然すごい学校を新たに創ることを選ぶ気がします。世界のトップ大学と提携し、学生に海外留学を促すとともに、教育や経営の最新ノウハウを貪欲に吸収。「授業料を取る」という大学のビジネスモデルを編み出した福澤のことですから、新たな収入源をうまく捻り出すでしょう。

米国のトップ大学のように巨大なファンドを創り、世界中から金を集めて、「これぞ!」と思う技術や発明や企業や人に投資して、第二、第三の北里柴三郎を続々と輩出したのではないでしょうか（福澤が北里を私財で支えたことが、日本の近代医学の発展に繋《つな》がりました）。明治時代から「女性の地位向上」に熱心だった福澤だけに、学生や講師の女性比率アップにもすぐさま取り組むでしょう。

さらに福澤は、メディアの不見識《ふけんしき》を嘆き、自らメディアを立ち上げることは間違いありません。１８８２年に自ら創刊した「時事新報」で天下国家を鋭く論評したように、良質なオピニオンが集まる論壇をプロデュースするはずです。福澤のポリシーは、「自分がその立場になってできると思うことだけを提案する」こと。知識も経験も足りないのに、批判ばかりをしている大半のメディア人に大雷を落とすでしょう。

この４人に限りません。日本を作った烈士《れっし》たちは、今の日本の体たらくをあの世から眺めて、歯嚙《はが》みしているはずです。「自分が生きていたら、やりたいことが山ほどあるのに、今の日本人は何をしているんだ。このままじゃ日本は三等国になってしまう。批判する暇があれば、まず自分が動いたらいい。今こそ、新しいシステムや事業を起こすチャンスではないか」と――。

なんだか「龍馬伝」の大河ドラマを見たり、西郷がモデルになった「ラストサムライ」を見たり、『学問のすゝめ』を読んでいると、あの世から発破《はっぱ》をかけられている気がしてなりません。「起業こそ、精神・経済での独立であり、独立自尊《どくりつじそん》の実践だ。一身の独立なくして、一国の独立なし」という福澤の説教が聞こえてくるのです。

世の中を変えたい、何か面白いことをしたい、低迷する日本を建て直すとともに、世界にインパクトのある何かを成し遂げたい――そう思う人は、組織の内外で起業家として事業を立ち上げるべきです。壊れた古いシステムに嫌々順応し、悶々《もんもん》とした日々を過ごすくらいなら、大きな壁が立ちはだかろうとも、自らが新しいシステムを築いた方が話は早い。起業家こそ、令和の志士なのです。

サラリーマンというアヘン

私自身、今まさに起業準備をしながら、この本を書いています。

私が起業を志すようになったのは、2020年の夏のことです。それまで自分が起業するなど、夢にも思っていませんでした。別に起業に憧れているわけでも、上場（IPO）して大金持ちになりたいわけでも、それまでの仕事に大きな不満があったわけでもありません。

それなのに、なぜ起業という道を選んだのか？　きっかけは、何気ない会話からでした。

当時、私はNewsPicksという新興経済メディアで働いていたのですが、参画から6年が経ち、編集部の立ち上げ、動画プロデュース会社の創設・黒字化など、メディアの土台はある程度でき上がったタイミングでした。次にどんな挑戦をしようかと、ニューヨークで働く創業者の梅田優祐さんとZoomで話していた時に、「佐々木さんは、起業した方がいいのではないか」とアドバイスされたのです。

「ああ、そういえば、起業という選択肢もあった！」まさに、灯台下暗し。私自身、メディア人として、数えきれないくらいの起業家に取材してきたのですが、なぜか自分が起業することを真剣に考えたことがありませんでした。

それから1カ月間。ほぼ10年ぶりに、仕事から距離を置いて、自分とじっくり向き合ってみました。散歩したり、泳いだり、旅行したり、映画を観たり、本を読んだり、家族と語ったり、友人と酒を飲んだり。そんな思索を経て、「人生を楽しみ、生きた証をこの世に残し、日本に貢献するには起業しかない」と達観していったのです。

私は2014年にNewsPicksという経済ニュースメディアに初代編集長として参画し、コンテンツ管轄の取締役、傘下の動画プロデュース会社のCEOなどを務めてきました。メディアは順調に成長し、プチ成功することはできたのですが、どうも物足りなさを感じていました。「NewsPicks は大成功していますね」「佐々木さんはイノベーターですね」と社交辞令で言われるたびに、「これを大成功なんて言っていたら笑いモノ。この程度で自分をイノベーターだと思ったら人生終わりだ」と戒めていました。でも、知らず知らずのうちに、私自身が狭い世界の中でぬるま湯に浸かり切っていたのです。

日本には、自己満足に陥る〝罠〟が随所に張り巡らされています。ひとときハングリー精神を持っていた人や企業でも、あっという間に初心を忘れてしまいます。メディアにちやほやされたり、SNSがバズったり、泡銭《あぶくぜに》を手にしたり、西麻布を飲み歩いたり、一見《いちげん》さんお断りの高級レストランに行ったり、芸能人と友人になったり、ファンに甘い言葉をかけられたり、「気持ちよく」なるためのアヘンが充満しています。

サラリーマンも誘惑だらけです。大企業であれば、雇用は保障されていて福利厚生も充実している。年齢を重ねるごとに給料が上がり、地位を得れば周りが忖度してくれる。仕事のスケールも一見大きくて、社会的なステータスも高く家族親族も安心してくれる。サラリーマンも別種のアヘンです。いつの間にやら、心身に忍び込むのがアヘンの怖いところです。

「中毒になる前にアヘンを断たなければならない。起業して全てを自ら背負う覚悟で40歳以降の人生を歩まないと、〝見せかけの幸せ〟に安住してしまう。世の中にインパクトがあることを成し遂げるためにも、サラリーマンを卒業しよう」

そう決意して、18年に及ぶサラリーマン生活に「さよなら」を告げたのです。

起業の醍醐味とは何か

起業してはや半年。これは人生最高の決断だったと言い切れます。なぜもっと早く起業しなかったのかと悔いているくらいです。

起業とは〝現代の元服《げんぷく》〟です。この感覚は何かに似ているなと感じていたのですが、18歳の時に福岡県の小倉《こくら》から上京してきた時と似ています。東京の大学で学べるワクワクと、新しい土地で暮らすソワソワでいっぱい。恐る恐る親元から旅立つことで、やっと大人への一歩を踏み出した気がしたのです。それと同じように、サラリーマンから卒業することで、大人の階段を駆け上ることができるのだと思います。

起業家になる醍醐味《だいごみ》とは何か？　それは、自分の人生の「独裁者」になれることです。

起業する醍醐味　個人・会社・社会がシームレスにつながる

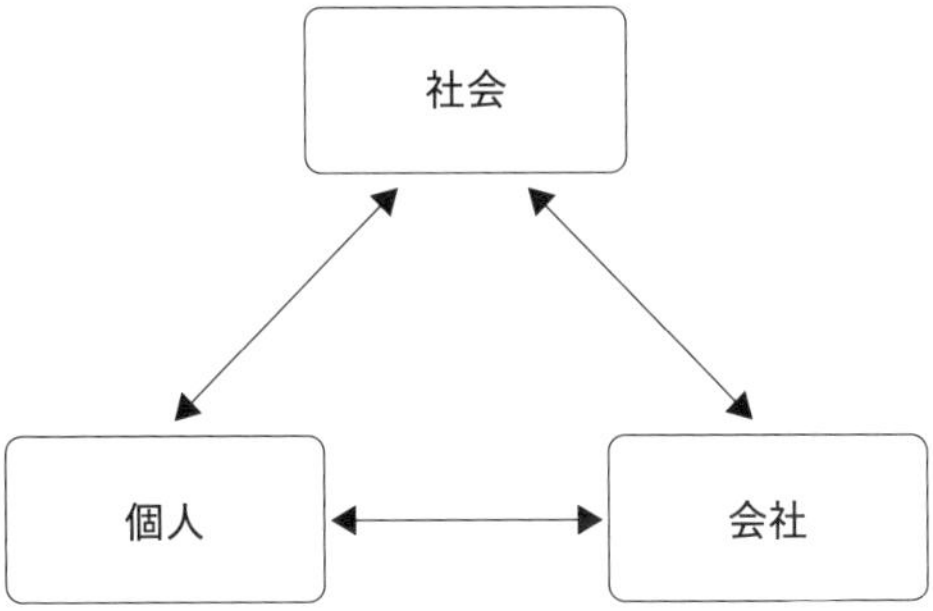

自分の責任で、自分で決断して、自分の大義のために生きることができる。

　普通に働いていると、人は、自分、会社、社会の矛盾に迷い、戸惑いながら生きることになります。確固たる価値観、ビジョンのある人ほど、その軋轢《あつれき》は大きくなりがちです。「これは面白いし、社会に役立つだろうな」と思うことでも、上司に「そんなのは儲からないし、前例がないよ」と反論されて、泣く泣く諦めた人も多いでしょう。

　しかし、起業すると、資本家として会社のオーナーになります。自分のやりたいことを貫いて、成功しても失敗しても、「自分のせい！」と言える。「他人や環境や時代のせいにする」という逃げ道を失う。「自分＝会社」です。愚《ぐ》痴《ち》を言っても何も起きません。自分が動かないと会社が死にます。その分、「自分＝会社」が社会のためになることをすれば、社会インパクトを肌でビンビン感じることができます。つまり、起業すると、個人と会社と社会がシームレスにつながるのです。

それこそが、起業することの最大の喜びであり、恐れの源泉でもあるのです。

みなさん、仕事で理不尽な指示をされたり、上司や同僚と意見が合わなかったりしても、渋々、持論を飲み込んで、会社に合わせていることが多くないですか？

私のような自分勝手な人間でさえ、40歳も超えてくると、さすがに「これは組織の決定だから、飲まざるを得ないなあ」と、自分の欲望と折り合いをつけるようになってきます。社内外のステークホルダーにもっともらしい説明をして、利害を調整することにも慣れてきます。「私の100倍くらい大変な調整を、大企業の人たちは日々行っているんだなあ」と妙に感心するようになりました。

でも、ふと思うのです。これって進歩なのでしょうか？ 本当の意味で「大人になる」ということなのでしょうか？ もちろん大人として成熟するのは美しい。実力もないのに、自分の意見ばかりにこだわる人は迷惑以外の何ものでもありません。妥協は人生の知恵です。

しかし日本の場合、実力や魅力や公共心があって、やりたいこともある人が、「組織で生きていくしかない」「我慢しないとしょうがない」「周りに迷惑をかけられない」と言い聞かせて、はなから諦めていることが多すぎます。常識に蝕《むしば》まれています。サラリーマン教による洗脳といってもいいかもしれません。

でも、それは自分に対する裏切りであるとともに、組織に対する、日本という社会に対する、そして、未来の世代に対する裏切りではないでしょうか。

40代以下が主役になる

まさにその思い込みから自分と皆さんを解き放つために、この本を書きました。

「なぜ今、起業なのか」「起業するメリットとは何か」「起業の誤解とは何か」「社内外で起業家として生きるにはどんなキャリアがあるか」「起業に成功するポイントは何か」。起業が皆さんにとって身近なものであることを知ってもらうべく、起業の過程で私が学んだこと、感じたこと、100人以上のプロや先人に教えてもらったことを本書に詰め込みました（自分だけで独り占めするのはあまりにもったいないですので）。「自分が起業する時に、こんな本があったらよかったな」と感じた本を、自ら創ってみました。

特に、この本を読んで欲しいのは、40代以下の人たちです。

この世代は、今のシステムに乗っかっていては、幸せな人生を送れません。就職氷河期世代を筆頭に、既存のシステムから疎外されている人たちも多くいます。自分たちで〝新たな時代〟を創っていかないと、自分自身も、自分たちの子ども世代も、孫世代も、100年後、200年後を生きる世代も、幸せにできないのです。

「でも、自分たちの世代には力がないからなあ」と後退《あとずさ》りする人も多いかもしれません。

しかし、それは誤解です。すでに仕事の世界では、40代以下が主役になりつつあります。２０２１年4月時点で、日本の労働力人口（15歳以上の労働の意思と労働が可能な能力を持った人）の６８６６万人のうち、44歳以下は３０９８万人に上ります。全体の約45％を占めるマジョリティーなのです。このアフターインターネットの世代が、起業して新たな事業を産んだり、社内起業家として新事業を起こしたり、既存事業を変革したりすれば、日本の未来を明るくすることができます。未来は我らの手にあり。上の世代を批判して溜飲を下げる時間があれば、自ら動くべきなのです。

この本は、起業のリアルをできるだけわかりやすく伝えることで、起業を民主化するためのものです。起業はよくわからない、起業はハードルが高い、起業は胡散臭い。そう感じている方々にこそ、起業についてもっと深く、正確に知ってもらいたいと思っています（ちなみに、起業にも向き不向きがありますので、皆が起業家を目指す必要は全くありません。その見極め方も本書で紹介します）。

多くの人が、「起業家＝怪しい、危ない」ではなく、「あの人たちが汗水流して働いて、いいサービスを作ってくれたおかげで、われわれの生活が豊かになったなあ、楽しくなったなあ」と思ってくれるようになる。起業家が尊敬や憧れの対象となり、起業家を目指す人がどんどん増える。日本が起業家精神に満ちた国になり、世界で必要とされて、尊敬される国になる。それが現実となれば、きっと日本の未来は安泰です。

２０２１年9月22日　佐々木紀彦

第1章　起業家になるべき5つの理由

日本人の9割はサラリーマン

最初に一つクイズです。

今の日本には社長として働く人が何人くらいいると思いますか？

普通に会社で働いている人からすると、社長は珍しい存在かもしれません。しかし実は、世の中には、社長として働いている人がたくさんいます。

日本には、法人の数が385万（自営業者が半分）ありますので、ざっくり計算すると、30人に1人は社長なのです。(注1) 起業する、社長になる、経営者になるということは、そんなに大それた話ではないのです。

かつての日本には、社長がもっと多くいました。

次の2つのグラフを見てみてください。

図1は、日本の就業者のタイプ別の推移を示しています。自営業主とは、個人事業主を含む社長であり、家族従業者は、自営業主の元で働く家族たちです。商店街の八百屋の社長とその家族を思い浮かべるとわかりやすいかもしれません。それに対して、雇用者とは、いわゆるサラリーマン。大企業や中小企業に雇われている人たちです。

その推移を見ていくと、1952年以降、日本は一貫して〝サラリーマン化〟が進んでいます。就業者数に占めるサラリーマンの割合（図2）は、1953年の43・1％から、2020年には90％へと倍増しています。日本は過去70年で、完全なる〝サラリー

図1　就業者のタイプ別内訳

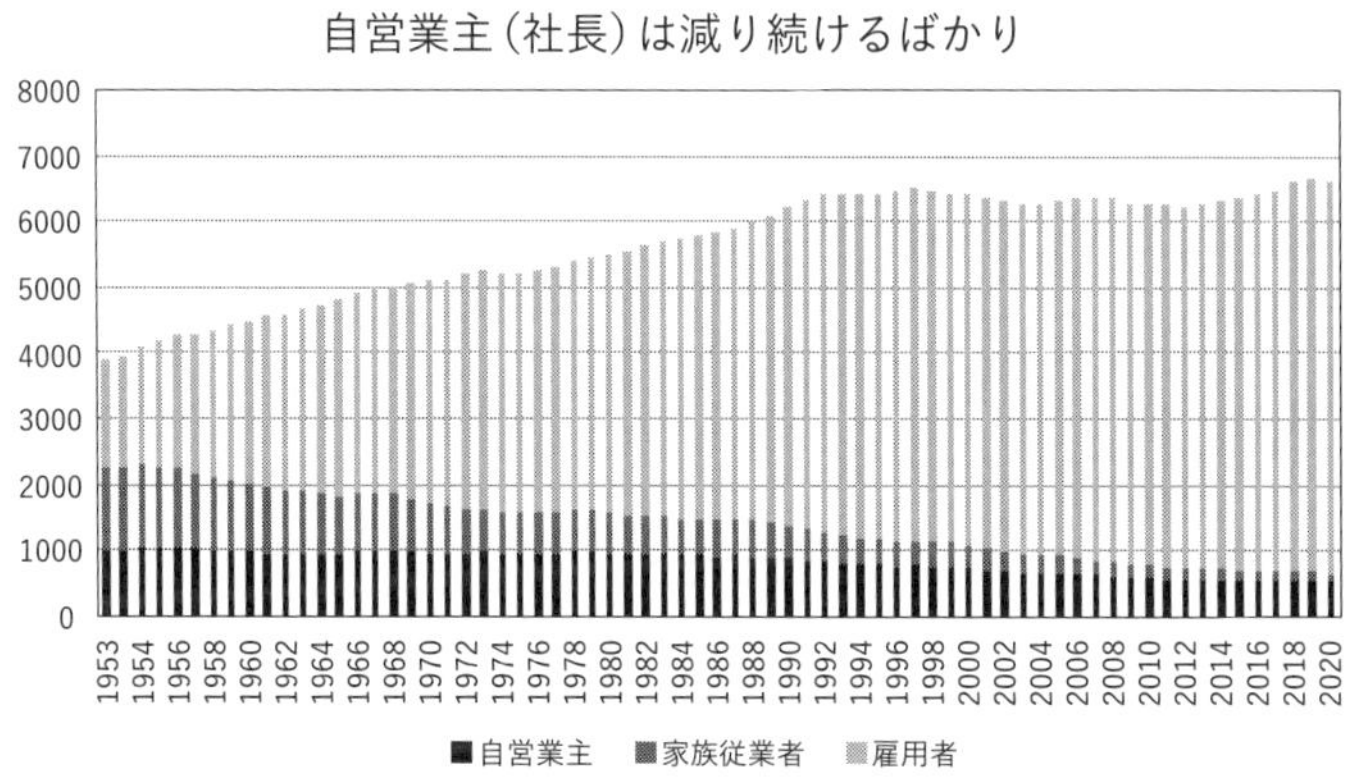

図2　就業者に占める雇用者の割合

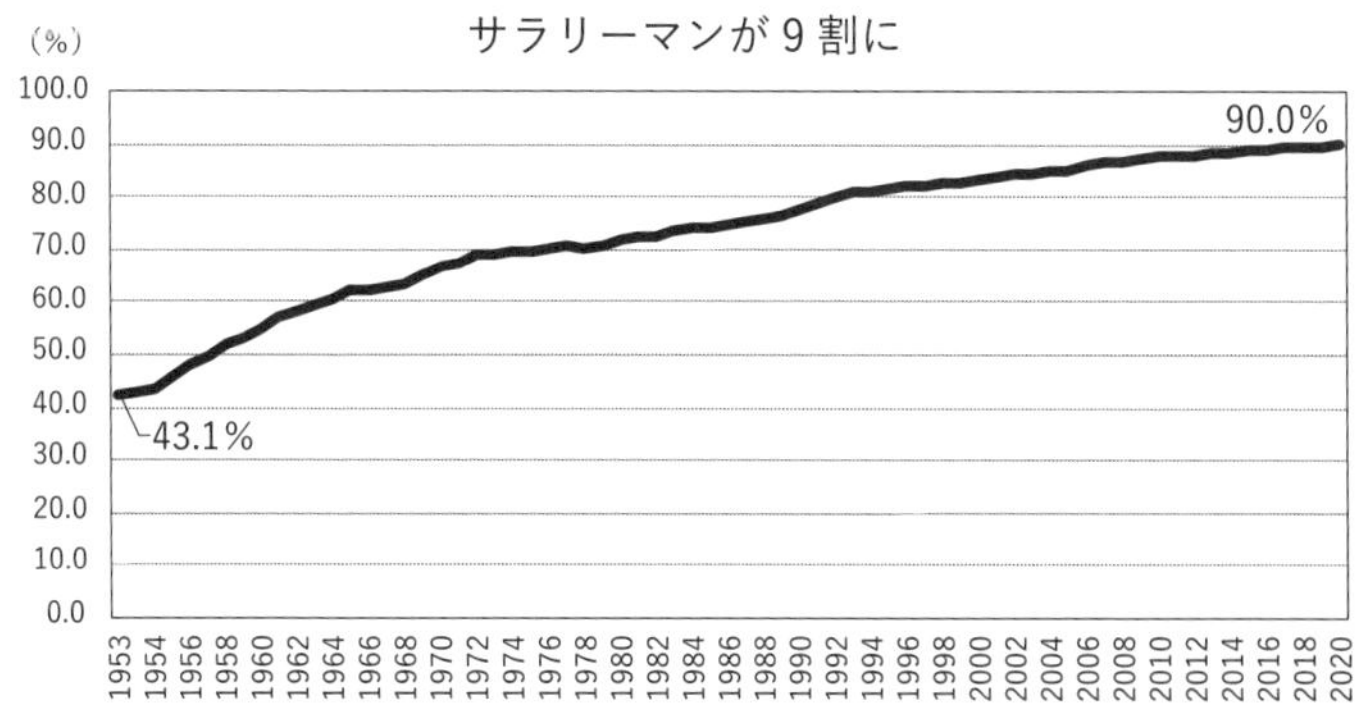

出所）総務省統計局「労働力調査」

マン社会〞になったのです。サラリーマン国家、日本の誕生です。

もちろんサラリーマンが〝悪〞であるわけではありません。

戦前の零細《れいさい》企業中心の社会から、大組織による近代経営にシフトしたことが、戦後の高度成長に大きく寄与しました。組織の中で自分の力を生かして、特に大企業であれば、安定した給料を得ることができる。それは、戦前の転職が当たり前だった〝不安な社会〞や、戦中・戦後初期の食うに困る〝貧しい社会〞と比べると、桃源郷《とうげんきょう》ともいえます。

私自身、典型的なサラリーマン一家に長男として生まれましたが、今振り返ってみると、いい思い出ばかりです。

デパートで働くサラリーマンの父と、職場結婚後に専業主婦となりパートで働く母と、3歳年上の姉の四人家族で、福岡県北九州市小倉の公団住宅に18歳まで暮らしました。

小倉はほどよい地方の都会でしたが、塾通いのガリ勉もいたり、スポーツ万能のガキ大将もいたり、ヤクザの息子のヤンキーもいたり、強烈なキャラが多くて退屈はしませんでした（興味深いのは、ガリ勉タイプよりもヤンキータイプが、大人になって成功していることです。ストリートスマートなのだと思います）。

宿題を忘れたら先生がビンタしたり、部活では炎天下を10キロも走らされたり、街に出るとカツアゲするヤンキーがいたり、今からするとカオスでポリティカリーインコレクトな世界ですが、人間臭さに溢《あふ》れて、細かいルールも少ないおおらかな時代でした。

毎日の日課は、夜暗くなるまで遊ぶこと。小学校時代は、ドッチボール、野球、プロレス、中学時代は部活でサッカー、高校時代はサッカーにモスバーガーでのアルバイトに汗を流し、夜は父親がいれば巨人のナイターを見ながら一家団欒《だんらん》で母の手料理を味わう。おしゃべり好きの家族なので、食卓はいつも賑やかでした。

正月になると、全国から親戚が田舎の祖父母の家に集い、お宮参りをして、祖母特製の海老入りのお雑煮《ぞうに》を食べるのが、恒例でした。戦前を知り、敗戦の教訓を体に染み込ませている祖父母世代、右肩上がりの日本でサラリーマンとして生活を送る両親世代、そして豊かな時代が当たり前になった我々の世代――今振り返ると、3世代が交差したこの時代は、近代日本の全盛期だったのでしょう。

サラリーマン黄金時代の終焉

若い人には「単なる昭和ノスタルジーだろう」と突っ込まれそうですが、客観的に見ても、なかなかに幸せな時代だったと思うのです。私自身は、過去を懐かしむのが嫌いなタイプなのですが、そんな私からしても、あの時代は活気と夢に溢れていて、たまにあの頃にタイムスリップしたくなるくらいです（ついつい昭和の懐メロを聞いてしまいます）。戦後日本が作った「幸せモデル」、真面目に働けば、安定した仕事があって、結婚相手も職場で見つけやすくて、精神的にも物質的にも豊かな暮らしができるという〝普通〟は、日本史の頂点にあると言っても過言ではありません。

しかし、そんなサラリーマン家庭を柱とした「サラリーマン黄金時代」も終焉しようとしています。

私自身が自らのヒストリーを振り返ったのは、この時代の幸せモデルを、ただ懐かしむのでも、全否定するのでもなく、その功罪を踏まえながら、新たなモデルを作る必要があると思うからです。東京五輪を経て、いよいよ「昭和モデル」が崩れつつある今こそ、冷静に昭和を見つめる好機です。

まずもって取り組むべきは、サラリーマン教からの解脱です。いつしか、サラリーマンが金科玉条の働き方となってしまい、それ以外の生き方が窮屈になってしまいました。「サラリーマン」という言葉がまさに男性を示しているように、男性中心のシステムは完全に時代遅れです。しかも、いわゆるサラリーマン、大組織で正社員として働く人を保護する制度を守るために、非正規社員の人が激増し、江戸時代の身分制度のようになってしまいました。これは明らかにアンフェアな格差です。

サラリーマンを基準にして、サラリーマンを過度に守るシステムを解体しなければなりません。私自身も20年近くサラリーマンをしてきたのでよくわかりますが、サラリーマンである以上、どうしても甘えが出てきて、どこかで言い訳を探してしまう。「まあ失敗しても、首になるわけではないし」「給料さえもらえれば、会社なんてどうでもいい」という他人事《ひとごと》マインドが出てしまう。メディアを筆頭に「日本が他責社会」になってしまった背景には、サラリーマン化があると思うのです（ちなみに、これだけサラリーマンジャーナリストが多い先進国は日本くらいです）。

そしてサラリーマンはとにかく世間が狭い。会社、部、課、係といった村の掟に縛られて、自分の頭で考えられなくなってしまっています。先日、知人の起業家が「今の日本は、昭和ですらなく、江戸ではないか」と評していましたが、頷《うなず》くところがあります。藩のルールや文化に浸って、その思想に凝《こ》り固まる。藩と自分の利益のためにしか動けない。世界、日本、業界といった視点がスッポリ抜け落ちている。サラリーマンとは〝現代の田舎者〟なのです。

40代から始まる〝サラリーマン倦怠期〟

サラリーマン病が深刻なのは、40代以上の世代です。

出世コースを歩んでいる人は、まだ未来の希望を持てるかもしれません。しかし、管理職ポストが先細りする中、出世コースに乗れる人はほんのわずか。残りの人は、給料もさほどあがらず、仕事の裁量もスケールも上がらないという袋小路に陥《おちい》ります。

となると人が考えるのは、いかにうまくサボるかです。30代までなら、新しく経験する仕事も多く、「この仕事が自らの実力アップにつながる」という実感を持ちやすいですが、40歳も超えてくると、手慣れた仕事の繰り返しや調整の嵐になります。すると、いかに与えられた仕事を無難にこなして、給料をもらい続けるかを考えるようになります。〝サラリーマン倦怠期《けんたいき》〟を迎えるのです。

熱意溢れる社員の比率

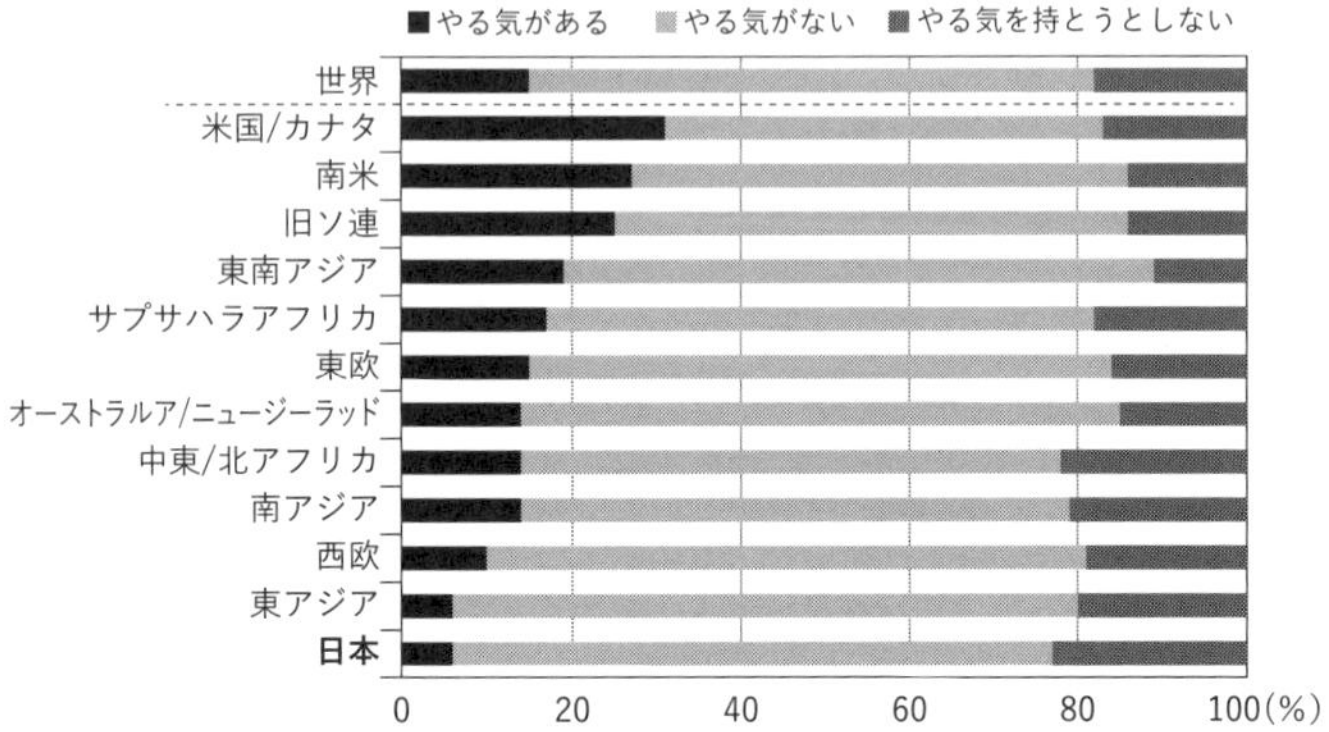

出所）State of the Global Workplace2017:GALLUP

かといって、転職したり、起業したりする意欲や勇気もなく、場や職を変えるのは面倒なためなんとなく会社にいる。そんな人の比率が増えると、会社の雰囲気も淀んできて、会社が衰退していきます。いやいや会社に留まっている40代以上のサラリーマンが、組織を腐らせているのです。

事実、人材コンサルティングを手がけるギャラップ社が、各国各地域の〝熱意溢れる社員の比率〟を調べたデータによると（上図）、日本は１３９カ国中１３２位です。東アジアは中国も韓国も数値が低いため、東アジア全体の傾向とも言えますが、「やる気がある（エンゲージしている）」と答えた社員は６％しかいませんでした。

日本企業は人間関係もギクシャクして

います。ISSP（国際社会調査プログラム）の2015年調査によると、「自分の職場では、職場の同僚の関係は良い」と思っている人の割合が、調査対象37カ国の中で最下位になっています。2005年の調査よりも数値が悪化しているのです。

その大きな要因の一つは、〝歪んだサラリーマン社会〟にあると思えてなりません。サラリーマンとは職種というより、ライフスタイルであり、マインドセットです。リクルートでは、〝圧倒的な当事者意識〟という言葉がよく使われますが、〝ほどほどの当事者意識〟しか持てないのが、サラリーマンマインドセットなのです（リクルートはその矛盾をうまく解消しているからこそ、日本で稀有《けう》な成長企業となっているのでしょう）。

私がことさら、サラリーマン化を揶揄《やゆ》するのは、それが個々人のポテンシャルを奪い、企業のポテンシャルを奪い、日本全体のポテンシャルを奪っていると思うからです。企業も慈善事業ではありませんので、今後はサラリーマンマインドセットに浸った社員を見放していくでしょう。

2021年には、電通が40歳以上を対象にした個人事業主化を進めたり、パナソニックが50〜55歳を対象にした早期退職を募ったりしたことが話題になりましたが、こうした大企業の中年リストラはますます増えていくはずです。いやいや会社にぶら下がり続けることすら、容易ではなくなるのです。

逆にいうと、日本で1人でも多く起業家が増える。実際に起業までしなくても、起業家マインドセットを持つ人が増える。もしくは、起業家を胡散臭いと揶揄するのではなく、応援する人が増える。そうなるだけでも、ポジティブな循環が始まって、日本の社会と企業と個人のポテンシャルが花開くのではないでしょうか。

「起業家」と「企業家」の違い

そもそも、起業家とは何か？　その定義をしてもらえないと、あまりイメージがわかない。そんな声が聞こえてきそうですので、まず起業家を定義してみましょう。

起業家というと、世間のイメージは、２０００年代の渋谷を中心としたビットバレー（最大のスターは、サイバーエージェントの藤田晋さんでしょうか）や、ホリエモンに代表されるヒルズ族からアップデートされていないように感じます。世界で起業家と言えば、スティーブ・ジョブズ、ジェフ・ベゾス、イーロン・マスクといった面々が思い浮かびます。起業家像に日本と世界で大きなギャップがありますので、まずもって、「起業家とは何か」から話を進めます。

そもそも、起業家は英語でいうアントレプレナーのことです。

アントレプレナーは、ラテン語のEntre（swim out）とPrendes（grasp）を組み合わせた言葉です。新しいチャンスに乗り出して、摑む人とでも言えるでしょう。アントレプレナーという言葉を普及させた人物の1人である、18世紀のフランス人経済学者のジャン＝バティスト・セイ（セイの法則で有名）は、「アントレプレナーとは、経済リソ

「起業家」とは「企業家」の一部

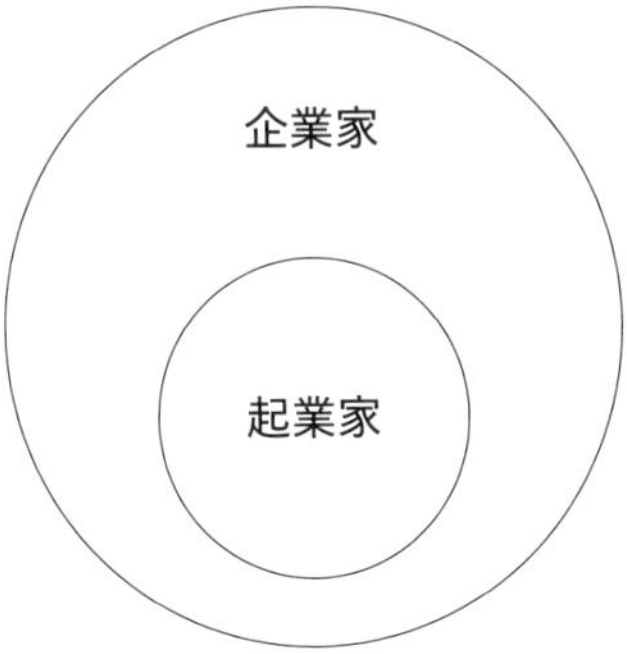

ースを生産性や実りの低い領域から高いエリアへとシフトさせる人」と定義しています。

過去30年の日本のように、生産性の高いデジタル領域へのシフトが遅れた国には、まさにアントレプレナーが求められているのです。

ここで大事なのは、アントレプレナーとは、「自ら会社を立ち上げて、ゼロからイチを生み出す起業家」だけを指すのではないということです。会社の中で新たな事業を立ち上げる人、既存の事業を変革する人など、より広い意味を含みます。

図解すると、アントレプレナーとは企業家全体を指し、その一つの形が、自ら会社を起こす起業家だということです。そこが混同されてしまったために、日本では「アントレプレナーなんて、自分には関係ない」と思う人が増えてしまいました。

この本では基本的にアントレプレナーの訳を「起業家」で統一していますが、「起業家＝企業家」、つまりは企業家の意味も含んでいると捉えてください。新たに会社を立ち上げる人だけでなく、あらゆる組織で新たな事業を生み出す人を指しています。

ドラッカーがアントレプレナーシップについて記した本も、かつてはアントレプレナーシップを「起業家精神」と訳していましたが、今では「企業家精神」になっています。

ちなみに、ドラッカーは著書『イノベーションと企業家精神』の中で企業家精神をこう定義しています。

企業家精神の原理とは、変化を当然のこと、健全なこととすることである。企業家精神とは、すでに行っていることをより上手に行うことよりも、まったく新しいことを行うことに価値を見出すことである。すなわち、企業家とは、秩序を破壊し、解体する者である。シュンペーターが明らかにしたように、企業家の責務は「創造的破壊」である。

（P・F・ドラッカー[注2]）

つまるところ、自ら起業して会社を創る形でも、どこかの組織に所属する形でも、自らリーダーシップをとって、新しい価値を生み出す人ということです。その価値は、商品でもサービスでも、テクノロジーでも、組織の形でも、生産方法でも、セールス手法でも、ファイナンス手法でもなんでもいい。今までの延長線でなく、新しい時代に合った価値を生み出すことが条件なのです。

例えば、ＪＲでＳｕｉｃａを創り出した人、ソニーで『鬼滅の刃』の映画やＹＯＡＳＯＢＩをプロデュースした人、セブンイレブンで１００円コーヒーを生み出した人、ユニクロでヒートテックを開発した人、その誰もが企業家なのです。

アントレプレナーシップは後天的に学べる

ここでもう一つ誤解を解いておきましょう。アントレプレナーシップの「シップ」の訳です。イノベーションの研究で有名な米倉誠一郎・一橋大学名誉教授はこう主張しています。

「ベンチャーブームが到来した１９８０年代以降、『シップ』が『精神』と訳されはじめたのである。メンバーシップやリーダーシップ、あるいはリレーションシップなどからも分かるように『シップ』は、『～の在り方』を表すものである。ウェブスターの英和辞典で ship は『技量』あるいは『能力』と訳されている。確かに『精神的な在り方』も含まれるが、『精神』だけに限定してしまうことは、その本質を見失うほどの狭義といえよう(注３)」

すなわち、アントレプレナーシップとは、精神論や根性論で語るものではありません。それはイノベーションを遂行する能力や技能です。

アントレプレナーシップは、一部のエッジの立った起業家だけが先天的に有するものでも、才能によって決まったものでもなく、あらゆる組織に属する人に求められるものであり、後天的に学べる能力や技なのです。

「起業家精神が大事だ！　イノベーターが求められている！」といった言説はここ数十年、毎日のようにメディアを賑わせていますが、なかなかそうした人は増えていきません。それは当然です。起業家精神は座学だけで身に付きません。いくら起業家精神を解いた本や記事を読んでも、そんな人が生まれるわけがないのです。

一番の近道は、自らが起業家になることです。事実、シリコンバレーに位置するスタンフォード大学や、豊田章男社長も卒業生であるバブソン大学など、米国では多数のアントレプレナー養成プログラムが走っていますが、それらのプログラムでは「まず実際に起業すること」が奨励されています。

もう一つ、アントレプレナーとは孤高な個人でありません。共通のミッションを追いかけるチームです。アントレプレナーシップを持つ人々がチームを創ることによって、偉大なスタートアップが生まれるのです。ペイパル創業者で、フェイスブックを見出した投資家であるピーター・ティールは、スタートアップをこう定義しています。

「孤独な天才は、芸術や文学の名作を生むことはできても、丸々ひとつの産業を創造することはできない。スタートアップではチームで働くことが原則で、かつ実際に仕事をやり遂げるにはそれを少人数に留める必要がある。

前向きに表現するなら、スタートアップとは、君が世界を変えられると、君自身が説得できた人たちの集まりだ。新しい会社のいちばんの強みは新しい考え方で、少人数なら敏捷に動けることはもちろん、考える余地が与えられることが大きな利点になる」(注4)

今の世界を所与のものとして受け入れるのではなく、従来の考え方やルールを疑い、新しい事業を起こし、チームを組んで世の中を変えていく。それこそが、アントレプレナーであり、その象徴がスタートアップなのです。

理由①サラリーマン思考から卒業できる

起業家型リーダーの3つの特徴

ここまでの説明で、「起業家の定義」はクリアになってきたと思います。ここからは「あなたが起業家になるべき5つの理由」を深掘りしていきましょう。

第一の理由は、ここまでしつこく述べてきたように、「**サラリーマン思考からの卒業**」です。起業を通して、「**起業家マインドセットをインストールできる**」のです。

社内で新事業を起こす形であれ、社外で新会社を立ち上げるのであれ、起業を通してあなたは、サラリーマンから真の大人に脱皮するのです。

それをわかりやすくするために、サラリーマンと起業家の違いを説明しましょう。

起業家とサラリーマンの3つの違い

①不確実な状況下で成功する能力

➡サラリーマン：確実な状況下で成功する能力

②プロジェクトをみずから始め、自分のものにする強烈な願望

➡サラリーマン：既存のプロジェクトを引き継ぎ、会社のために成長させる願望

③他人を説得できるというかけがえのないスキル

➡サラリーマン：社内を説得できるというかけがえのないスキル

「サラリーマンもピンキリで、優秀なサラリーマンであれば、そんなに起業家と違わないのではないか」という声もあるでしょう。しかし、両者には根本的な違いがあります。マインドセットから違うのです。

では、起業家と大企業の優秀なマネージャーのマインドセットはどこがどう違うのでしょうか？

ハーバードビジネススクールのティモシー・バトラー・シニアフェローによる「起業家型リーダーを見極める方法」という論文があります。(注5)このリサーチのテーマは、起業家の性格やマインドセットの特徴を明らかにすることです。その謎を解くべく、さまざまな国の4000人を超える起業家と、「ゼネラルマネージャーだが起業家ではない」と自覚する1800人ほどのビジネスリーダーに心理テストを実施しています。

その結果、普通のビジネスパーソンとは異なる、起業家の3つの特徴が浮かび上がりました（右図のサラリーマンの箇所は、私が書き足したものです）。

コロナ禍で試された「ピボットする力」

1つ目は「不確実な状況下で成功する能力」です。

変化すればするほど、カオスになればなるほど、アドレナリンが出てきて興奮する。新しい現実を素直に受け入れて、貪欲に学び、われさきに行動していく。今であれば、「コロナショックで世の中が変わっていくことにゾクワクする。これはピンチでなくチャンスだ」と思って行動する人は、起業家の素質ありです。

コロナ禍でも、起業家マインドセットの有無があらわになりました。逆境をうまく乗り越えた企業としては、起業家が経営するオーナー企業が目立ちます。

これは見事なピボット（方向転換）だなあと思ったのが、イモトのWi-Fiです。

テレビCMでも有名なイモトのWi-Fiは、海外用ルーターのレンタルサービスを手がけており、売上高のほぼ全てが海外渡航客向けです。それがコロナで海外渡航がほぼゼロになりました。売上高はなんと98％減です。同社の西村誠司社長は「恐怖で体が震えた」と振り返っていますが、そこで泣き寝入りはしませんでした。「コロナが逆風ではなく、追い風になる事業はないか」と考え抜いた末に、PCR検査サービスに目をつけます。そこからわずか1カ月で、検査機器を揃え、臨床検査技師を集め、Wi-Fiサービスを担当していた社員を検査スタッフに転用して、サービスを開始します。起死回生の一手は見事に当たり、スタート後115日で1日の売上高は1億円を突破、V字回復を成し遂げました。(注6)

観光分野において、電光石火で新コンセプトを打ち出したのが、星野リゾートです。コロナで遠出の旅行が厳しくなるとみるや、自宅から1〜2時間で行ける「マイクロツーリズム」の小旅行マーケットへと軸足をシフト。近場の観光を割安に提供するプランを拡充するなどして、需要を掘り起こし、海外観光客の落ちをカバーします。星野社長自らメディアにも多数出演し、「マイクロツーリズム」という概念そのものを布教していきました。

将来への打ち手も抜かりなし。2021年から22年にかけて、国内外で計9軒を新規オープンし、4、5年後の北米進出にも意欲を示すなど、すでにポストコロナを見据えています。危機の時ほど、リーダーが社内外で顔を出して、はっきりとメッセージを発する重要性をよくよく承知しているのです。

コロナ禍で、起業家精神の欠如を露呈してしまったのが、菅義偉・前首相です。

菅首相は、いわば〝スーパーサラリーマン首相〟と言えます。安倍首相のようなトップがいて、大きな方針を示した上で、それを確実に落とし込んでいくのは抜群に上手い。最強のナンバー2です。しかし、ビジョンを作るトップがいなくなり、確実な平時から、不確実な有事へとモードが切り替わると、自慢の調整力が生きなくなってしまいました。

菅首相のみならず、いわゆるサラリーマン社長が経営する大企業の多くは、コロナ禍でも存在感を示せていません。

菅首相もあれだけ追い込まれたら、虚勢を張るのではなく、むしろ開き直って弱みを曝《さら》け出した方が、世論の共感も集まり、専門家や官僚や医療関係者などのサポートも受けやすかった気がします。リーダーが丸裸になる時代ですから、防御線を張りすぎると、周りがしらけてしまいます。

起業家型リーダーは現場が大好き

起業家の2つ目の特徴は「**プロジェクトをみずから始め、自分のものにしたいという強烈な願望**」です。これぞ、圧倒的な当事者意識と言えます。

リサーチの結果、起業家型リーダーは、「権限と統制に対する欲望」の得点が極端に高いことがわかりました。自分の関わることには、コミットしたくてウズウズする、自分のものにしたくてしょうがなくなるのです。それは、部下に偉そうに指示するためでも、権威を振りかざすためでもなく、できあがった製品を自分の思う通りに支配したいからです。この論文でも、「起業家は独裁者よりは作家や芸術家に近い」と結論づけられています。

起業家に対して、優しくて、人格者で、人の意見によく耳を傾ける聖人君子みたいなイメージを持ってはいけません。起業家とは何かしらの狂気を宿しています。生半可《なまはんか》な気持ちで近づくと、大火傷《おおやけど》します。

権限に対する意欲が強いがゆえに、起業家型リーダーは現場が大好きです。起業家のヒーローであるテスラのイーロン・マスクも、狂おしいほどの現場主義者として知られています。基幹商品であるモデル3の生産がうまくいかなかった時期には、数カ月間、工場に泊まりこんで、床の上で寝たそうです。(注7) マスクとともに仕事をした経験を、パナソニックの津賀一宏会長はこう振り返っています。

「イーロンは、長期的なオプティミスティック（楽観的）なビジョンを持ち続け、それをサポートするメンバーとの間で役割分担も、しっかりしていました。

ただし基本的には、『できないやつが悪い』というものです。だったら『できるやつを連れてくる』というのがイーロンの考えなので、メンバーも次々に代わりました（笑）。

そうやってテスラが発展してきたのは、事実です。これは日本ではできない。ブラック企業を超えていますから(注8)」

自分の当事者意識が強いが故に、細部にも徹底的にこだわる。自分が納得行かなければ、強権発動も辞さない。これは起業家型リーダーの特徴です。

例えば、日本電産の永守会長は、1兆円を超える規模になっても、買収先の会社の経理台帳を自ら調べて、コストカットを進めます。ユニクロの柳井さんも、店舗を定期的に回って陳列をチェックし、店舗のチラシを自ら手がけます。楽天の三木谷さんも、新規参入した携帯事業では自ら陣頭指揮に立っています。

もちろん、現場の細かい統括をトップがずっとやっていては、組織は大きくなりませんので、全て介入すればいいわけではありません。どこが事業のツボか、自らが関わるべき勝負所はどこか。そのメリハリが命運を分けるということです。人に任せるところと、トップダウンでこだわるところ。データで把握できるところと、肌触りのある現場の一次情報が不可欠なところ。その見極めを誤ると、往々にして企業は衰退していきます。大きなビジョンやコンセプトを示すとともに、徹底したスーパーマイクロマネジメントを両立させる。そこに起業家の偏執さがあります。

ソニー平井氏の〝アドリブ力〟

起業家マインドセットの3つ目の特徴は「**他人を説得できるというかけがえのないスキル**」です。生まれながらの敏腕営業マンであるとも言えます。

今は誰にとっても、どの企業にとっても、確たる未来が見えにくい時代です。そんな時こそ、ビジョンを熱く語り、顧客や従業員や投資家を自分の世界に引き込んでいく説得力、巻き込み力がモノを言います。

2020年に発売された『世界最高の話し方』というベストセラーがあります。世界のリーダーの話し方をケーススタディとして、スピーチとコミュニケーションのプロである岡本純子さんが記した本です。岡本さんは、一〇〇〇人以上の社長・企業幹部を指導してみて、「日本のリーダーは本当に話し方で損をしている。ここを改善できると飛躍的に説得力が上がる」としみじみ語っていました。菅さんのスピーチは悪い例の最たるものですが、他の大企業トップも似たようなものです。自分の言葉を持っているトップはほとんどいません。記者会見でも棒読みばかりです。

私はこれまでMCや記者として数千人をインタビューしてきましたが、1対1で話すと魅力的に話してくれる人はたくさんいます。ただし、その良さが大勢の前やテレビの前になると消えてしまう。ミスを恐れて、原稿を読んでしまったり、硬さが出てしまったりするのです。

現代に求められるのは、〝アドリブ力〟です。前もって用意したものを読んでいては、気持ちが伝わりませんし、聞く人が退屈してしまいます（テレビよりも、ユーチューブやティックトックの方が面白く感じるのに似ています。ユーチューブも編集は施していますが、テレビのように予定調和感が出ないように工夫されています）。かつ、用意してあるものを読むことで、どんどんアドリブが下手になり、怖くなり、アドリブ力がますます下がっていくという悪循環に陥ります。

元凶は、日本の形式主義であり、過剰な事前準備です。大企業の幹部とのインタビューなどの際に、広報担当者が、事前に細かい質問項目を求めてくることがあります。事前の打ち合わせもよくありますが、大体は時間の無駄です。優れた取材者は事前質問に拘《こだわ》らず、アドリブで質問して来るので、事前準備はほとんど役立ちませんし、何よりも予定調和では人を魅了するインタビュー内容になりません。

けれども、日本の場合、周りがトップに忖度して甘やかすので、トップもそれに甘んじてしまう。事務方も、本番に思いがけない質問が来て、トップに叱られるのを避けるために、細かく準備をしすぎてしまう。みんなが余計な時間を使って、つまらないコンテンツを創る。そんなものを読者は読みたくないので、内容は誰にも伝わらない。予定調和は壮大な無駄を生むのです。

まさに〝アドリブ力〟によって社員の心をつかんだのが、ソニーを再生した、平井一夫・前CEOです。著書『ソニー再生』の中でこう振り返っています。

「まずやってはいけないのが、事前に社員から質問を集めて司会が読み上げるという形式だ。これでは予定調和の答弁のようなものだと思われる。タウンホールミーティングを設定する事務方の社員にとっては、社長が来るのでつつがなく進行したいという気持ちもあるだろうが、『仕込みはしないでくれ』と強く言うようにしていた。社員たちに響かない言葉になっては元も子もないし、ますます集まった社員が質問しにくい雰囲気になってしまう（注9）」

オフラインとオンラインを使い分けるセンス

今の時代、話がつまらないこと、話が無駄に長いことは、リーダーとして〝罪〟です。組織の士気が落ちますし、社外でのブランドも低下します。「口が上手い人間は信用できない」という文化が日本は根強いですが、これからの時代は、他人を説得する技術、

日米のコミュニケーションの違い　実態と表現のギャップ

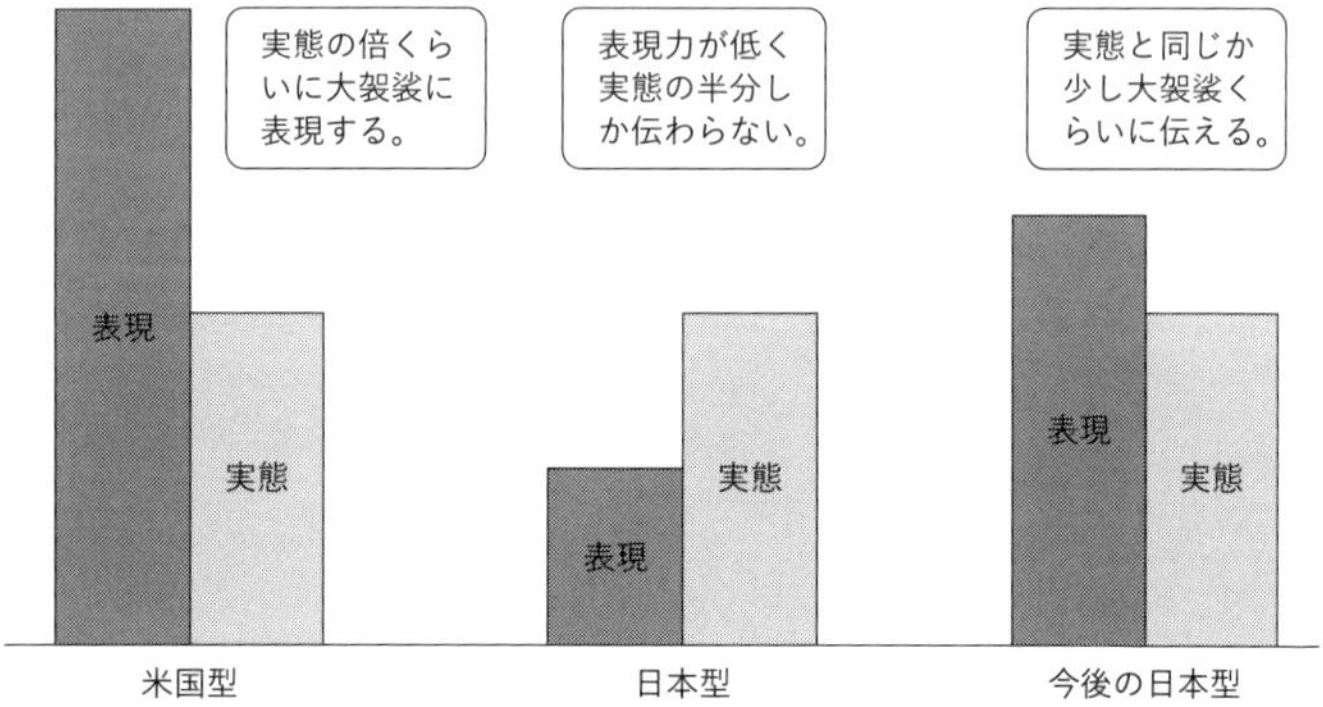

実態の倍くらいに大袈裟に表現する。
表現力が低く実態の半分しか伝わらない。
実態と同じか少し大袈裟くらいに伝える。
表現
実態
表現
実態
表現
実態
米国型
日本型
今後の日本型

レトリックに秀でていない人は、リーダーになってはいけないのです。

とはいえ、米国スタイルのように、大袈裟に表現するのはどうも気が引ける、という人も多いかもしれません。それは一理あります。孫さんが自らを「ホラ吹き」と言いますが、孫さんならまだしも、名声の確立していない人がホラを吹くと、本当のホラ吹きになってしまいます。ほどよい塩梅は、謙虚な日本と、大袈裟な米国の中間くらいでしょうか。概念化すると上図のような感じです。

日本人はしゃべらなすぎ、謙虚すぎ、説明下手すぎで、実態よりも過小に評価されがちです。もっと技術を高めて、実態と同じくらいか、ちょっと上回るぐらいのトーンで話すくらいがちょうどいい。日本国内でも価値観が多様化しており、コミュニケーションしすぎるくらいでないと伝わらなくなってきています。世界が舞台であれば、なおさらです。

コミュニケーションスキルを磨くには、技術の基礎を学んだ上で、とにかく場数を踏んで、体に叩き込むしかありません。

起業家も玉石混交《ぎょくせきこんこう》ではありますが、プレゼンが上手い人が多い。一緒に話していても、思わず引き込まれてしまいます（起業家の多くは、詐欺師としても成功するでしょう）。

なぜそんなに説得力が高いのか。それは才能というより、技術と場数です。起業家は投資家へのプレゼン、お客さんへのプレゼンなど、無数のプレゼンをこなさないといけません。この「プレゼンの１０００本ノック」によって、話し方と他人を説得するスキルが自然と磨かれていくのです。

プレゼン力が不可欠なのは、社内起業家も同じです。社内で新規事業を起こす場合も、関係者が社内で完結することはまずありません（今の時代、社内で閉じた企画はまず成功しません）。会社とは狭い世界です。その常識の外にいる人との武者修行によって、アウェーでも通じるコミュニケーション力が育まれるのです。

コミュニケーション力は、リモート時代にはより多層的になります。

コロナで一気に進んだオンラインシフトが、完全に元に戻ることはないでしょう。今までは、少人数のオフラインでの会議や会食やゴルフの場で他人を説得することも多かったですが、この手法だけには頼れません。オフラインでフラットに会話したり、夜に時間をとりにくい男女も参加しやすいようにランチで交流したり、普段は、Ｓｌａｃｋ、Ｚｏｏｍ、メールを駆使しながらオンライン中心にコミュニケーションを組み合わせたり、臨機応変に使い分ける。

その一方、ここ一番ではリアルな会合で一気に攻める。リモート時代になったとはいえ、人間の「密にコミュニケーションしたい」という本能は変わりません。距離が密なほど、情報も密になります。伝統的な密なリアルコミュニケーションと、新しいリモートコミュニケーションを最適に配分するセンスと経験がリーダーには求められます。その巧拙、センスによって、どれだけ他人を説得できるかが決まるのです。

リーダーにとって、多種多様なステークホルダーに直接語りかけるためのトレーニングは必須ですし（演劇はおすすめです）、米国大統領のごとく、スピーチライターのようなコミュニケーションのプロを傍《そば》につけるのも一般的になるでしょう。それほどにコミュニケーションは生命線なのです。

ここまで聞いて、誰もが気づいたと思いますが、起業家マインドセットは、起業家だけに求められるものではありません。多かれ少なかれ、万人に必要です。だからこそ、アントレプレナー教育が世界中で流行しているのです。

一つの会社で働き続ける、日本の典型的なサラリーマンの場合、求められる素養が起業家と真逆になってしまいます。「不確実」でなく、「確実」な状況下で成功する能力。

「プロジェクトをみずから始め、自分のものにする願望」ではなく、「既存のプロジェクトを引き継ぎ、会社のために成長させる願望」、多様なステークホルダーを説得するスキルではなく、「社内を説得するスキル」。

もちろんこれらの素養も貴重です。しかしながら、今後の世界では、「確実な状況」はほとんどありません。一番安定しているかに見えた行政セクターでも、デジタル化、自然災害対応など、非連続的な対応が求められます。むしろ行政や銀行などこれまで「確実性」を是としてきた業界ほど、大変化に見舞われるでしょう。そのためにも、会社内でも自らプロジェクトやアイディアを考えて実行していく能力、組織を超えたコミュニケーション能力が欠かせません。森喜朗元首相の五輪組織委員会での失言が典型ですが、内輪の村社会の論理で動くと、世間から大バッシングを受け、リーダーとしての人生が閉ざされます。

起業家に特有の3つの特徴は、天性の向き不向きもありますが、立場や環境や努力次第で育むこともできます。自分がリーダーや経営者になったら、カオスの中で次々と決断を迫られますし（経営に教科書なんてありません）、自分が〝最後の砦〟となる覚悟を求められますし（あなた以上に会社のことを背負える人はいません）、人や企業を口説きまくらないといけません（社長こそ〝最強の営業〟でないといけません）。

あなた自身も、社内外で起業家になれば、自然と起業家マインドセットを自分の中にインストールすることができるのです。

理由②キャリアアップにつながる

日本人の40歳は、米国人の30歳

「起業家になるべき理由」の2つ目は、キャリアアップです。

社内であれ、社外であれ、起業に挑戦して、起業家マインドセットを育むことによって、自らのビジネスパーソンとしての価値を上げて、キャリアアップにつなげることができます。単に精神論で「起業家になれ」と言っているわけでなく、起業経験はキャリア設計上、トクなのです。凡百のビジネス書を1000冊読むよりも、一度の起業経験の方がキャリアアップにつながる。そう断言できます。起業にはビジネスの全てが含まれていますし、自分の全人格、全センスが試されます。現代最高の実学なのです。

詳しくは、第4章の「起業を成功させる5つのステップ」で記しますが、あなたが起業すると、資金集め、プロダクトづくり、チームづくり、マーケティングやセールスまで何でもかんでも自分でやらないといけません。社外での起業であれ、社内での起業であれ、言い出しっぺとして事業を立ち上げる経験が、最高のトレーニングとなります。

一つの例が、現在、リクシルのCEOを務める瀬戸欣哉さんのキャリアです。住友商事出身で、ダートマス大学でMBAを取得後、40歳の時、住友グレンジャーを創業して

います。この会社が後に、モノタロウと名を変えて、事業者向け工具販売のｅコマースの雄となり、時価総額1兆円超のメガベンチャーへと飛躍しました。

瀬戸さんは自らのキャリアをこう振り返っています。

「社長業ほど能力を伸ばせることはほかにない。そうした機会を（若い商社員にも）どんどん与えて、うまくいったらもう一回、ダメだったら『もうちょっと勉強して』ということがあっていい。仕事の成熟度からいうと日本人の40歳は米国人の30歳くらい。なぜ差が出るかというと、米国では若いときからチャンスを与えられて戦っているからだ。多くの日本人は30代になるまで戦う機会がなく、（4年制大学卒業時の）22歳からあまり成長していない(注10)」

この瀬戸さんの指摘には納得です。私も28から30歳の時に、スタンフォード大学の大学院に留学して、世界の同世代と自分の差に唖然としました。世界では、20代でも、会社を経営している人間もいれば、大企業で大きな実績を残している人間もいれば、政府で要職についている人間もいます。自分が下っ端仕事に甘んじていたことを思い知らされたのです。

日本では、お行儀よく順番を待っていると、もっとも伸び代のある20代、30代にリーダーとして修羅場《しゅらば》経験を積むことができません。すると、40代以降にリーダーになっても、初心者として、恐る恐るハンドルを握ることになります。これでは日本の中ですら競争に勝てませんし、世界の舞台では勝負にすらなりません。

だからこそ、早めにリーダーになるべきなのです。基本的にリーダー稼業とは、究極のゼネラリストです。企業規模に関係なく、あなたが多くの人と組み、1人ではできない大きな仕事をしようと思ったら、必然的にゼネラリストにならないといけません。

社内起業でもいいですが、社外であれば一段と戦闘力が鍛えられます。企業内起業の場合、資金繰りや細かい実務などからは解放されるかもしれませんが、社外起業の場合、投資家や銀行にプレゼンしてお金を集めたり、会社登記をしたり、帳簿管理をしたり、膨大な雑務に追われることになります。しかも、会社の肩書きやブランドという印籠がなく、〝裸の実力〟で戦わなければなりません。

特に痺《しび》れるのが、シードラウンドと呼ばれる最初の資金調達です。サービスも商品も何もない。売れるのは、自分のアイディアと信頼のみ。自分が、マグロの競《せ》り市場のマグロになった気分を味わえます。転職マーケットでも「今のあなたの市場価値はいくらです」と評価されるわけですが、その10倍、20倍も緊張感があります。これは一度、体感されることをお勧めします。

起業家のもう一つの特徴は、最後は自分で判断をすることです。

大組織の場合、部長や役員になっても、最後に決断する立場ではありません。どんな小さな組織でも「最後の決断は自分が行う。自分の後ろには誰もいない」という経験をすることで、判断力が磨かれます。言い訳ができない状況に自分を追い込めるのです。

企業の中でも、上司への調整が必要な中間管理職よりも、子会社社長など、最後は自分で決断できる立場の方が成長は早くなります。

起業経験者は大企業でも出世する

起業とは、いわば、飛び級でリーダーになるための高速道路です。特進クラスみたいなものです。だからこそ、リーダーを目指す人は、たとえ失敗してもいいので、若いうちから好んで起業経験を積んだ方がいいのです。

すでに米国では当たり前ですが、今後は日本でも、起業経験のある人が大企業の幹部に登用されることが増えていくでしょう。

ヤフージャパンの経営陣は起業家だらけです。同社の世界に冠たるビジネスモデルを築いた井上雅博さん（2017年に交通事故で他界）は、孫さんの側近としてヤフーを創業した社内起業家です。日本で最も成功したサラリーマン出身社長の一人として、ストックオプションにより1000億円以上の資産を築いたと言われています。

現在、CEOを務める川邊健太郎さんは、青山学院大学在学中に電脳隊を立ち上げて、同社が買収されたのに伴い2000年にヤフーに入社しています。現在、取締役COOとしてeコマース事業などを担う小澤隆生さんも、ビズシークの創業を経て、楽天球団立ち上げを成功させた連続起業家です。さらに、ヤフーのメディアカンパニーを統括する取締役の宮澤弦さんも、東大卒業後に創ったAIベンチャーを売却して、ヤフーに参画しています。

こうした海千山千がリーダーに揃う組織と、サラリーマンリーダーばかりの組織では、戦闘力に雲泥の差が生まれます。ヤフーが日本で長年王座に君臨している背景には、起業家出身リーダーの存在があるのです。

今後は、起業家の出戻りも増えるはずです。OBであれば、カルチャーフィットもしやすいでしょう。パナソニックでは2017年に、同社のOBで、マイクロソフト日本法人社長などを歴任した樋口泰行さんをパナソニックコネクテッドソリューションズの社長に迎えました。同じくOBでハードウェアスタートアップ「Cerevo」（セレボ）創業者の岩佐琢磨さんも、古巣へと舞い戻っています。これからの時代は、社外で活躍したOBを要職に登用するくらいの懐の深さとリアリズムのある会社でないと、優秀層から選ばれなくなってしまうのです。

新規事業やスタートアップ合弁も有望

私は、自社の未来を憂う若手に会うと、「今の会社でできるだけのチャレンジ、できれば新規事業にトライして、ダメだったらさっさと辞めたらいい。会社と心中しても、あなたのためにも、会社のためにも、社会のためにもならない。会社への愛が強いなら、外で成功して、また戻ってきたらいいのでは」とアドバイスします。有望そうな人ほど、あえて挑発的な言葉を投げかけるようにしています。

以前、新聞社の有志の会で講演したことがありました。依頼主が「どうにかこの会社をよくしたい」という気迫があふれる人で、無下《むげ》に断るのも申し訳ないと思い引き受けたのです（維新期の傾いている藩の若き武士はこんな感じだったのかもしれません）。

その人とじっくり話した後に、私はこうアドバイスしました。

「日本の新聞業界が変わるのは99％無理で未来はない。それよりも外に出て、新たなチャレンジを始めた方があなたの人生にとっていい。貴重な人生を沈む船のために使うことはないですよ」

最近、数年ぶりに再会したところ、スタートアップ企業の営業リーダーとして、大いに奮起している様子でした。「以前の職場では、30代になっても上の世代が詰まっていて、リーダーの仕事をさせてもらえなかったが、今ではチームを率いるリーダーとして能力を磨く日々。もうちょっと早く外に出ていればよかった」と語っていました。

ちなみに、新聞社の仕事は、社外での応用が利きにくく転職は困難を極めるのですが、彼は引く手あまただったそうです。その理由は、彼が、大企業向けの営業や、新規事業の立ち上げを経験していたからです。スタートアップには、大企業の組織の論理を理解して営業できる人が希少なため、それだけで大きな価値があります。そして、新規事業立ち上げ経験は、大企業でもスタートアップでも生かせます。社内起業や新規事業の経験は、外でも売れるキャリアになるのです。

彼はスタートアップでキャリアを築いたら、改めて新聞などメディア業界のために貢献したいと言っていました。まさに今の組織を離れることで、自らを磨くことにつながり、結果として、社会や組織のためになるというモデルです。

ほかにも、大手広告代理店で勤務していた私の友人は、最近、スタートアップに創業メンバーとして参画するまで、米国で子会社社長として5年、スタートアップとの合弁会社のCOOとして3年働いていました。1年ほど前に、転職サービスのビズリーチに登録したところ、現在の収入を上回るオファーが続々届いたそうです。

高く評価されたのは、代理店での経験でも、海外での経営経験でもなく、スタートアップとの合弁立ち上げを自らリードし、経営を軌道に乗せた実績だったそうです。既存の社内の出世ルートからすると、「スタートアップとの合弁」は傍流に見えるかもしれませんが、社内から一歩出ると高く評価されるのです。

こうした例が日本にはゴロゴロ転がっているはずです。社内の価値観に染まった視点を少しずらして、社内起業をしたり、スタートアップとの合弁を仕掛けたり、新しいチャレンジをすることが、キャリアアップにつながります。大企業の中でも、自分なりの新たな「出世ルート」を生み出せばいいのです。

会社のために身を捧げなくてはならない。粉骨砕身《ふんこつさいしん》しなくてはならない。これは一種の集団洗脳です。コロナ禍でも、改革への本気度が低い企業にはもう希望はありません。そうした会社を見切らないと、あなたやあなたの家族の未来が暗くなってしまいます。会社への盲目的な忠誠は、自分と社会の幸福につながらないのです。

龍馬も土佐を脱藩することで、新時代に求められるスキル（海軍航海術）やメンタリティ（西洋の知識）を身につけて、それが土佐改革派の後藤象二郎のリーダーシップとつながることで、故郷を救うことにつながりました。外へ出ることは裏切りではありません。社会や今の会社を思う人こそ、新規事業を起こしたり、外に出たりすべきなのです。外に出ても、その企業への愛が続くのであれば、ぜひ外で大成功して、凱旋《がいせん》帰社を果たしてください。いっそのこと大実業家になって、古巣を買収して再生できるくらいになるとドラマチックです。

理由③金銭的な報酬が大きい

ユーチューバーよりも夢がある

「起業家になるべき理由」の3つ目は、ズバリ、金銭的な報酬です。

起業家として成功したときのアップサイドはサラリーマンとは比べものになりません。一般的なサラリーマンの生涯賃金は2億円と言われますが、起業家や経営者の中にはその金額を1年で稼ぐ人もざらにいます。今、日本で一番ジャパニーズドリームがあるのは、起業の世界だと言えるでしょう。

お金のためだけに生きるのは美しくないですが、お金を軽んじるのも嘘くさい。お金を求めるギラギラ精神と、理想を掲げるキラキラ精神。それを両立できるのが起業の魅力です。

　でも、スポーツ選手やアイドルやユーチューバーの方が稼げるのでは？　そう思う人も多いかもしれませんが、ビジネス界でも「億円プレーヤー」は数多くいます。日本では経営者の役員報酬は1億円以上の場合に公開されていますが、『役員四季報　２０２２年版』によると、２億円以上得た人は２１２人に上ります。

　ただし、日本では、サラリーマン経営者と創業経営者を比べると、彼我の差がありま す。成功したスタートアップ起業家や経営幹部が得る金銭的対価は凄まじい。なぜかというと、株式から得られる報酬が桁違いだからです。

　例えば、孫正義さんの２０２１年3月期の報酬総額は1億円にすぎません。孫さんはあれだけ世界で活躍しても1億円とは謙虚だなと思うかもしれませんが、これはあくまで取締役としての孫さんへの報酬です。孫さんはソフトバンクの株式を４・６億株保有していますので、株式配当で約１００億円を得る計算になります。配当収入の税率は２割なので、80億円が懐に入ることになります。株式による報酬の方が断然デカいのです。

ただし、こうした毎年の配当収入すらもおまけみたいなものです。一番差がつくのは、ストックである資産です。孫さんの資産額は約5兆円に達し、日本トップ、世界でも29位につけています。

　左図に記したフォーブスによる世界と日本の富豪ランキング（２０２１年版）からも明らかなように、上位には、創業経営者がずらりと並びます。成功した創業オーナーの

世界の富豪ランキング（2021年版）

順位	名前	資産額（10億ドル）	年齢	国籍	企業名	業界
1	ジェフ・ベゾス	177	57	米国	アマゾン	テクノロジー
2	イーロン・マスク	151	49	米国	テスラ、スペースX	自動車
3	ベルナール・アルノー一家	150	72	フランス	LVMH	ファッション＆小売
4	ビル・ゲイツ	124	65	米国	マイクロソフト	テクノロジー
5	マーク・ザッカーバーグ	97	36	米国	フェイスブック	テクノロジー
6	ウォーレン・バフェット	96	90	米国	バークシャーハサウェイ	金融＆投資
7	ラリー・エリソン	93	76	米国	オラクル	テクノロジー
8	ラリー・ペイジ	91.5	48	米国	グーグル	テクノロジー
9	セルゲイ・ブリン	89	47	米国	グーグル	テクノロジー
10	ムケシュ・アンバニ	84.5	63	インド	リライアンス・インダストリーズ	複合
11	アマンシオ・オルテガ	77	85	スペイン	ZARA	ファッション＆小売
12	フランソワーズ・ベッテンコート・マイヤーズ一家	73.6	67	フランス	ロレアル	ファッション＆小売
13	鍾睒睒	68.9	66	中国	農夫山泉	食品＆飲料
14	スティーブ・バルマー	68.7	65	米国	マイクロソフト	テクノロジー
15	馬化騰	65.8	49	中国	テンセント	テクノロジー
16	カルロス・スリム・ヘル一家	62.8	81	メキシコ	Telcel	通信
17	アリス・ウォルトン	61.8	71	米国	ウォルマート	ファッション＆小売
18	ジム・ウォルトン	60.2	72	米国	ウォルマート	ファッション＆小売
19	ロブ・ウォルトン	59.5	76	米国	ウォルマート	ファッション＆小売
20	マイケル・ブルームバーグ	59	79	米国	ブルームバーグＬＰ	メディア＆エンターテインメント

出所）Forbes

日本の富豪ランキング（2021年版）

順位	名前	企業名	資産額(億円)	年齢	出身大学
1	孫正義	ソフトバンク	4兆8920	63	カリフォルニア大学バークレー校
2	柳井正	ファーストリテイリング	4兆6270	72	早稲田大学
3	滝崎武光	キーエンス	2兆8420	75	尼崎工業高校
4	佐治信忠	サントリーホールディングス	1兆690	75	慶應義塾大学
5	永守重信	日本電産	9920	76	職業能力開発総合大学校
6	高原豪久	ユニ・チャーム	8810	59	成城大学
7	三木谷浩史	楽天	8260	56	ハーバード大学(MBA)
8	似鳥昭雄	ニトリホールディングス	5730	77	北海学園大学
9	重田康光	光通信	5620	56	日本大学（中退）
10	毒島秀行	SANKYO	4850	68	慶應義塾大学
11	野田順弘	オービック	4740	82	関西大学
12	伊藤雅俊	セブン＆アイ・ホールディングス	4520	96	慶應義塾大学
13	安田隆夫	パン・パシフィック・インターナショナルホールディングス	4410	71	慶應義塾大学
14	森章	森トラスト	4300	84	慶應義塾大学
15	土屋嘉雄 一家	ベイシアグループ	4190	88	東京大学
16	三木正浩	ABCマート	4080	65	東邦学園短期大学
17	小林一俊・孝雄・正典	コーセー	3970		慶應義塾大学
18	襟川陽一・恵子	コーエーテクモホールディングス	3640	70、72	慶應義塾大学（洋一）・多摩美術大学（恵子）
19	宇野正晃	コスモス薬品	3530	74	東京薬科大学
20	大塚裕司	大塚商会	3420	67	立教大学
21	木下盛好 一家	アコム	2860		
22	多田勝美	ダイショーグループ	2540	75	四日市工業高校
23	荒井正昭	オープンハウス	2530	55	
24	栗和田榮一	SGホールディングス	2480	74	新井高校
25	山田進太郎	メルカリ	2420	43	早稲田大学

順位	名前	企業名	資産額(億円)	年齢	出身大学
26	福嶋康博	スクウェア・エニックス・ホールディングス	2310	73	日本大学
27	内山洋・靖子・秀	レーザーテック	2260		
28	多田直樹・高志	サンドラッグ	2200		
29	武井博子	武富士（創業者夫人）	2100	67	
30	前澤友作	スタートトゥデイ	2090	45	早稲田実業高校
31	岡田和生	ユニバーサルエンターテインメント（パチスロ機の製造等）	2070	78	東京テレビ技術専門学校
32	飯田和美	飯田グループホールディングス	2040	81	
33	藤田晋	サイバーエージェント	1980	47	青山学院大学
34	小川賢太郎	ゼンショーホールディングス	1870	72	東京大学（中退）
35	韓昌祐	マルハン	1860	90	法政大学
36	上月景正	コナミホールディングス	1820	80	関西大学
37	島村恒俊	しまむら	1760	95	
38	松井道夫・千鶴子	松井証券	1740		
39	和田成史	オービックビジネスコンサルタント	1710	68	立教大学
40	谷村格	エムスリー	1560	56	国際基督教大学
41	杉浦広一	スギホールディングス	1550	70	岐阜薬科大学
42	鈴木郷史	ポーラ・オルビスホールディングス	1540	67	早稲田大学
43	新井隆司	ビックカメラ	1430	74	
44	森佳子	森ビル（森稔夫人）	1420	80	
45	中村崇則	ラクス	1390	48	神戸大学
46	和佐見勝	丸和運輸機関	1380	75	
47	寺下史郎	アイ・アール・ジャパン	1370	62	青山学院大学
48	増田宗昭	カルチュア・コンビニエンス・クラブ	1340	70	同志社大学
49	元榮太一郎	弁護士ドットコム	1320	45	慶應義塾大学
50	里見治	セガサミーホールディングス	1310	79	青山学院大学（中退）

出所）Forbes

得る富はサラリーマンとは別次元なのです。

日本の富豪ランキングにおける上位陣を見ると、よく名を聞くベテランのオーナー経営者が目立ちます。若者にチャンスがあるようには見えないかもしれません。

しかし、20位以降になると40代の起業家たちがポツリポツリとランクインしています。25位のメルカリ山田進太郎さん、30位のZOZO前澤友作さん、33位のサイバーエージェント藤田晋さんはすでに有名ですが、45位のラクス中村崇則さんは知らない人も多いのではないでしょうか。

興味深いのは、49位の弁護士ドットコム創業者、元榮太一郎さんです。2005年に創業した弁護士ドットコムは、弁護士のポータルとして順調に成長して、2021年9月時点の時価総額は約1600億円を抱えています。近年は電子署名のクラウドサインが大きく伸びて（三井住友との合弁でSMBCクラウドサインとしても展開）、SaaS型のテクノロジーカンパニーとしての注目も高まっています。元榮さんはすでに社長からは退き、参議院議員として財務省の政務官を務めています（起業家↓政治家というキャリアは、今後、増えてくるでしょう）。ただ、依然として6割以上の株式を持つオーナーであるため、資産が膨らんでいるのです。

今後、デジタルシフトが進み、スタートアップの時価総額がさらに上昇すると、ランキングの中で若手起業家が占める割合は年々高まっていくはずです。

「そんなのほんの一部の話で、宝くじに当たるようなものだろう」と思われるかもしれません。確かに、創業者として富豪ランキングに入るような会社を作るのは夢物語に近い。しかしながら、日本では上場基準が甘いため（これはこれで大きな問題ではありますが）、上場を果たすのはそこまで難しいことではありません。大企業で出世競争を勝ち抜いて社長になるより、創業者や幹部としてスタートアップを創って上場する方が、難度は低いと思います。当せん確率が相対的に高い宝くじなのです。

三菱商事中堅社員の嘆き

今あなたが30歳だとしましょう。5年ごとに会社を変えるとして、50歳までに4社に関わることができます。その4社のうちどこかがある程度の成功を収めてIPOする――その可能性は、あなたの実力や人脈や運にもよりますが、そんなに低くはありません。幹部で参画できるのがベストですが、幹部でなくとも、初期の社員であれば、それなりのストックオプション（SO）をもらえる可能性はあります。

そんなジャパニーズドリームの象徴が、メルカリです。メルカリは上場までに、従業員の6割以上にSOを配布。上場時点で1000人程度の従業員がいたので、600人以上がストックオプションによる収入を得られたことになります。しかも、そのうち役員クラスを中心とする35名が6億円以上の資産を得た計算になるのです。（注11）

私の率直な実感として、今のスタートアップ業界にいる起業家や役員レベルがすごい人ばかりかというと、そうでもありません。以前よりはスタートアップに優秀な人材が集まるようになってきていますが、まだベスト&ブライテストが集結するには至っていません。だからこそ「スタートアップなんて怪しいし、まだ本当にすごい人は足を踏み入れていない。私の方が断然優秀なはず」と内心で思っているあなたこそ、スタートアップの世界に足を踏み入れるべきなのです。

以前、Twitterで、三菱商事の中堅社員の引用コメントが話題になっていました。

三菱商事の中堅社員曰く、「近年の若手の退職者の多さは頭が痛いが、特に退職理由が問題だ。外銀、MBA、留学なら理解できるが、勝算の無い安易なベンチャー／起業で爆死。コミュ力だけの学生を避けるべく、ケース面接や学業重視を採用したが、効果は不明だ。『ベンチャー踏み絵』とか出来ないものか……」

このコメントに対し、「その通り！」と同意する声もあれば、「こうした意見が強いから日本ではベンチャーが増えないんだ」と嘆く声もありました。私は双方に一理あるなと感じましたが、まずもって、若手の安易な起業と爆死を嘆くこの中堅社員こそ起業すべきなのではないかと思いました。これは皮肉ではありません。「自分ならもっとうまくベンチャーの勝算を見極められる。もっとスタートアップでも活躍できる」という自信のある人こそ、当事者になって、自らの目利きの正しさを証明して欲しいのです。「ほら、いいベンチャーを見抜く力があれば、私みたいに成功できるんだよ」と。

今後、日本のスタートアップに求められるのは、リスクをあまり考えずに勇猛果敢にチャレンジできる人だけではありません。むしろ、リスクや事業プランを頭がちぎれるくらい考え抜いて、勝算を緻密に計算した上で勝ち戦をする人が求められます。そんな「大人のスタートアップ・起業」が増えることが、日本のスタートアップを次なるステージへと誘《いざな》うのです。

かく言う私も、いろんな人から「よく大胆な挑戦をしますね」と言われるのですが、それは完全に買い被りです。実は大したリスクはとっていません。全て緻密に計算していいます。負け戦とならないよう、最悪のケースを想定して、二の手、三の手、四の手、五の手ぐらいを用意して挑戦しているので（今回の起業も同様です）、おそらく大失敗はありえません。かつ、メディア・コンテンツという勝手知ったる十八番の分野で、最強のチームを創れば、既存の大組織にも負けない価値を生み出せるという確信が持てたため、起業に踏み切りました。ただし、それがプチ成功で終わるか、大成功となるかは、神のみぞ知るところです。「成功はアート、失敗はサイエンス」と言われるように、確実な成功はあり得ませんが、失敗確率を最小化することは可能なのです。

三菱商事と起業家はどちらが魅力的か

大企業に残るのが得か、起業するのが得か。そう思い悩む人は、具体的な数字でもシミュレーションしてみるべきです。

憧れの大企業サラリーマンになってどれだけの収入が得られるのでしょうか。例えば、三菱商事の平均年収（２０１８年実績）は、１６３２万円です。単純計算で40年勤めたとして、生涯年収は6億円程度といったところです。平均的なサラリーマンの生涯収入2億円の3倍に当たります。これは日本のベスト&ブライテストが得る年収として高いのか、低いのか。私は明らかに低いと思います。

元三菱商事で、オンラインフィットネスサービスのミラーフィットの創業者である黄皓さんは商社時代をこう振り返ります。

「商社って社員をぬるま湯に浸からせるのが上手なんです。不満を生み出さない程度に負荷をかけて、条件を良くして心地よい環境を作る。忙しいから会社にコミットするし、商社の看板を背負っているプライドを持たせることもできる。だから会社へのロイヤルティーは基本高い。それが商社の人事マネジメントだと僕は思っていて。外に目を向けさせないのが会社側の考え方ですよね。でも一歩外に出てみると、たかだか１５００万円の年収なんて自分で事業やっている人からしたら『鼻毛』みたいなもんです。それでドヤ顔してレストランで会計している商社パーソンを見ると片腹痛いわけですよ。まぁ、当時の僕のことなんですけど（笑）」(注12)

この指摘は、辛辣ですが鋭い。三菱商事に限らず、全ての日本の大企業に当てはまる話です。大企業のサラリーマンは、狭い世界で見ると、いい収入を得ているように見えますが、世界の文脈や、起業家・経営者の比較でみると、むしろ安い。自分を安売りしすぎているように見えるのです。特に商社には優秀な人材がゴロゴロいますので。

だからこそ、世間では憧れの三菱商事のステータスを捨ててでも、起業したり、スタートアップに転職する三菱商事の社員が増えているわけです（最近は、スタートアップが求人すると、商社の若手が多数応募してきます）。

こうした有望人材の流出を防ぐためにも、今後は、大企業内でも、起業家のようなアップサイドを得られるスキームが増えてくるでしょう。第3章の「起業型キャリアの5つのタイプ」で詳しく記しますが、大企業子会社社長として上場を成し遂げたり、新規事業をカーブアウトしたり、社内の出世のみならず、株式の形で財を成す人も徐々に出てくるはずです。

お金がもたらす3つの自由

「佐々木さんは、お金の話ばかりして下品だ」と揶揄されそうですが、なぜこれほどお金の話をするかというと、お金は自由度を格段に高めるからです。経済的な自由は、精神的な自由につながり、人生の自由度を高めます。

具体的には、3つの自由をもたらしてくれます。

一つ目は、**クリエイティビティの自由**です。

世の中には、貧乏や欠落、ハングリー精神から生まれるものはたくさんあります。ただし、ことクリエイティビティに関しては、お金や環境に恵まれている方が、いいものが生まれやすい。中には、お金持ちになった途端に創作意欲を失う人もいますが、それは見せかけのクリエイティビティとも言えます。

「私生活にかかわるストレスを減らせるほど高額な報酬をもらえると、社員は非常にクリエイティブになる。しかし追加のボーナスがもらえるかどうかが定かではないと、クリエイティビティは低下する。イノベーションを後押しするのは成果連動型ボーナスではなく、高額の給料だ（注13）」

これはネットフリックス創業者でCEOのリード・ヘイスティングスの言葉です。今やネットフリックスは、世界で最もクリエイティブな企業の一つに数えられますが、そのクリエイティビティを支えているのは、圧倒的な金銭的対価です。ソフトウェアやコンテンツなどのクリエイティブ系職種では、トップクラスの能力は凡人のそれを優に10倍は超える——そんな信念に基づいて、ネットフリックスでは、市場価格よりも、どこのライバルよりも高い給料を払うことをルールにしています。

十分な資産があれば、無理して会社にしがみつく必要はありません。会社や上司と方向性が合わなければ、会社をやめて転職してもいいし、フリーで活動してもいいし、自ら起業してもいい。昔から、お金持ちの子女の中には芸術の道に進む人も多いですが、それは人間の本能なのかもしれません。目先の金に追われない人にとっては、アートに打ち込むのが最もクリエイティビティを発揮できる生き方なのでしょう。

自分への投資は複利効果が大きい

二つ目は、**インプットの自由**です。

本でも食事でも旅行でもアートでもスポーツでも家でも車でも恋愛でもモノでも何でも、良質なインプットにはお金がかかります。自分が気になるものを自由に楽しめる――そんなインプットの自由があることで、アイディアの種が生まれ、新たな出会いが生まれ、人生が彩《いろどり》豊かになる。スペインの諺《ことわざ》で「優雅な生活は最大の復讐である」という言葉がありますが、旺盛に挑戦し、多大なプレッシャーや嫉妬に晒《さら》される人ほど、自らを癒《いや》すために〝優雅なインプット〟を求めるべきなのです。

あらゆる業界において、毀誉褒貶《きよほうへん》ありながらも、つねに枯れずに輝いている人がいます。そうした人は例外なく、インプットの手練《てだ》れです。作家で言うと、林真理子さんが横綱でしょう。林さんはこう述べています。

「私自身、ずいぶんとお金を使ってきました。おいしい食事、着物、洋服、先ほども書いたバッグなどのブランド品、家具などなど……。あのレストランで食事をしてみたい、あのブランドのコートを着てみたい、最高級の生地で和服をつくりたい。そういった、いろいろな欲望を満たすために使うお金は、有意義なお金だと思っています。

本当においしいお寿司もフレンチも、食べてみなければおいしさを知る由《よし》もない。歌舞伎だって、劇場で観て初めて、いかにすばらしいかがわかる。そして、知れば知るほど興味は深くなる。

そういう、欲望や好奇心を満足させるために惜しみなく使えるだけのお金を手に入れる。それが、日々生きるうえで大事なのはいうまでもないことではないでしょうか(注14)」

ミニマリズム全盛時代に、旺盛にお金を使うのは流行りません。とはいえ、そういう人が少ないからこそ、美意識のある散財ができることが、他の人にはない武器になるのです。脳や体や心に入れるものを最高のものにできれば、自然とアウトプットも高品質になる。良いインプットが、良いアウトプットを生むという「愉悦《ゆえつ》のサイクル」を生み出せると人生と仕事が一体化して楽しくなります。

最近、〝世界一美味しいコーヒー〟を淹れてくれる社長に出会いました。厳選された熟成豆を、鉄鍋で沸かした最高のお湯でいただくコーヒー。砂糖を入れずとも、自然な甘みが湧き出る前代未聞の味です。さらに、その社長は、寿司の握り方をユーチューブで一から学んで、数万円、数十万円もする最高級のネタで自ら寿司を握るのです。そんな珠玉のコーヒーと寿司を求めて、著名なアーティストやクリエーターがフラリとオフィスを訪れるそうです。

刺激的なインプットにつながる場所や人の周りには、クリエイティブな人が自然と集まってきます。美味しいモノを食べながら、気の置けない仲間と話していると、チャクラが開いて、新鮮なアイディアが吹き出すのです。

クリエーターとして、ビジネスパーソンとして、太く長く生きたい人は、できるだけ早い時期に、インプットの自由を手に入れることをおすすめします。自分への投資は、金融資産への投資よりも大きなリターンを生みます。毎年の複利効果を考えると、自由にインプットできる20代、30代、40代を過ごした人とそうでない人とでは、人生後半の知的資産に10倍、100倍の差がつくのです。

米国製エリートがためらわずに起業する理由

三つ目は、**チャレンジの自由**です。

人生の自由と言い換えてもいいかもしれません。一定程度の資産は、人間を自由にする。本当にやりたいことに打ち込むことができるようになります。「自分は自由に生きている」と思い込んでいる人でも、なんらかの見えない縛りを受けていたり、狭い世界の自由に甘んじていたりするものです。私自身もそうだったのでよくわかります。

知り合いの50代のクリエーターが、「毎年3000万円以上の収入があると、心に余裕が出てきて、クリエーターとしてフェーズが変わってくる」と言っていました。東京では、家賃や子どもの教育費（私立の場合）などを踏まえると、1000万円以上の収入があっても生活はカツカツです。3000万円くらいあれば、インプットに惜しみなくお金を投じる自由が出てきますし、仕事を選ぶ自由も出てきます。つまり、自分の好きなことに挑戦する自由を得るということです。

まさに、私自身が、起業するという自由を得られたのも、お金によるところが大きい。

ラッキーだったのは、前職時代のストックオプションで立ち上げ資金を得られたことです。私は貯金に興味がないので、そのお金を〝生き金〟にするためにも、事業に全ベットしました。起業が許される僥倖を生かさないともったいないと思ったからです。

これはつくづく実感しますが、人間は、保険がないとリスクを取れません。保険とリスクは二律背反ではなく、兄弟のようなものです。ちょうど10年前に記した『米国製エリートは本当にすごいのか？』の中で「米国製エリートがためらわずに起業する理由」を分析したのですが、この思考がまさに今の日本でこそ求められていると思います（本の執筆から10年経って、あと一歩のところまで来ています）。

「たとえば、グーグルの創業者であるラリー・ペイジやセルゲイ・ブリンは、たとえ起業に失敗しても、借金を背負うことなく、いつでもスタンフォード大学に戻ることができたわけです。であれば、たとえ失敗する確率が99％でも、わずかな成功の可能性にかけるのは合理的です。精神論ではなく、純粋なお金の計算として、ベンチャーに挑戦したほうが大企業で働くよりも得――。そういう社会システムをつくらない限り、本当に優秀な人間はベンチャーに惹かれないでしょう。今でも、日本の本当に優秀な人間は大企業にいますから、一部の勇気ある起業家、変わり者だけに期待していても、その社会的なインパクトは限られてしまいます。ある意味、昔だったら絶対にベンチャーにいかないような保守的な人間まで、リスク・リターンを分析した上で、ベンチャーにいくようになるぐらいの変化が必要です。

ハーバードでMBAを取った人間の多くが、ベンチャーに挑戦するのも、いつでも年収1000万円以上稼げる仕事に戻れるという安心感があるからでしょう（今では物価が上がって2000万円以上が最低ラインかもしれません）。人間は、人生の最低ラインが見えた方が、大きなリスクに挑戦することができるように思います。

以前、上場に成功したベンチャー企業の社長にインタビューした際、『日本での起業は、あまりにも精神的なプレッシャーが大きすぎて、経営者が冷静な経営判断を下せなくなってしまう』としみじみと語っていました。危機のときに必要なのは、火事場のバカ力よりも、むしろ冷静な判断力。『失敗したら自己破産』という危機感よりも、『失敗しても年収1000万円』という安心感のほうが、経営者の正しい判断を促すはずです。

逆説的ですが、『やりたいことをやれ』という勇ましいアドバイスより、『足元を固めろ』という現実的なアドバイスの方が、結果として、リスクに挑戦する人間を増やすことになるのかもしれません（注15）。

フロンティアに軽やかに打って出られるのは、金銭面で余裕のある大人か、時間のある若者です。すなわち、お金か時間のある人たちです。

翻って、住宅ローンほど日本人のクリエイティビティを損なっているものはありません。右肩上がりの時代は「仕事を頑張って、マイホームを持って、家族のためにローンを返すぞ」ということで、やる気の源にもなっていましたが、今となっては、人間の自由を奪う鎖になってしまっています（家の資産価値が上がっていればまだいいですが、そうしたケースは多くはありません。人口減少が加速する今後はなおさらです）。

しかも、お金があれば、人の挑戦を応援することもできます。誰かを応援しようと思っても、自分の時間は限られますが、投資や寄付することで、少しは貢献することができます（クラウドファンディングの考え方と同じです）。

先日、建築家の安藤忠雄さんとニトリ創業者の似鳥昭雄さんが、それぞれ10億円を京都大学に寄付して、10年間で１２００人の研究者に奨学金を付与すると発表しました。メルカリ創業者の山田進太郎さんも、私財30億円以上を投じて、理系を目指す女子生徒に向けた奨学金プログラム「ＳＴＥＭ（理系）高校生女子奨学金」を創設しました。こうしたカッコいいお金の使い方ができるのも、資産があってこそです。

テクノロジーが人間拡張装置であるのと同様、お金も人間拡張装置です。いわば、分身です。人間の時間は平等ですが、お金とテクノロジーと人脈を駆使することで、人生の持ち時間を増やすことができます。私も40歳を超えて、人生の有限であることを痛感するにつれ、お金を自らの分身として活かさねばと思うようになってきました。残された人生の時間を、大義に全投入できるように。

理由④人生の自由を得られる

「会社のプロ」から「仕事のプロ」へ

ここまでの話を聞いて、「キャリアアップとか、お金が手に入るとか、ギラギラした意識の高い話ばかりだなあ」と反発を覚えた方も多いかもしれません。

残りの2つの理由は、もっと社会的なことです。

起業すべき4つ目の理由は「人生の自由を得られる」ということです。自分らしい生き方を、自分らしいスタイルで実践できる機会が広がるのです。

ペイパル創業者のピーター・ティールは起業についてこう語っています。

「起業は、自分が明確にコントロールできる最大の試みだ。起業家は自分の人生の手綱を握るだけでなく、小さくても大切な世界の一部を支配することができる。それは、『偶然』という不公平な暴君を拒絶することから始まる。人生は宝くじじゃない(注16)」

コロナ禍で変化も起きましたが、「日本って働きにくいな」と感じている人は少なくないはずです。とりわけ、子育てをしている女性、デジタルリテラシーの高い若者などにとって、アナログで、男性中心で、ハードワークや残業が前提となっている今のシステムは心地よいものではないでしょう。

とはいえ、社会は一夜にしては変わりません。企業によっての差はあるにしろ、多くの人が自分らしい形で働けるようになるには時間がかかります。

サラリーマンとして働いている以上、真の自由を得るのは難しい。であれば、会社や社会が変わる前に、自ら主導して、変化の波にうまく乗ればいい。その代表的な手法が、起業であり、「仕事のプロ」になることなのです。

これまで50以上の新規事業を立ち上げてきた「起業のプロ」である守屋実さんは「ウィズ・コロナ時代となり、既存の道徳から新道徳への最大の変化点は、『会社のプロ』から『仕事のプロ』への進化だ」と指摘しています（守屋さんの『起業は意志が10割』は起業挑戦者の必読書です）。

「『仕事のプロ』となると何が得られるかというと、純粋な仕事としての充実感だ。会社にいると、ともすれば課長よりも部長のほうが偉いというヒエラルキーが、そのまま『仕事の充実感』となってしまう。しかし、『仕事のプロ』の場合はそうではない。『社会に対して自分が何をなし得たか』が充実感となる」(注17)

今の日本で居心地の悪さを感じている人にとっては、無理して古い組織や文化に合わせて生きるより、一から自分で会社を作ったり、社内で独自のポジションを築いたり、「仕事のプロ」としてフリーランスで生きる方が、特に初期はいろんな苦難があるにしろ、自分らしい人生を送れるのではないでしょうか。

日本では「仕事のプロ」が少ないだけに、第一人者になれる空白地帯がいっぱいあります。芸人の例に当てはめると、番組はどんどん増えているのに、そこに出てもらう芸人が足りないといった状況です。とりわけ、デジタル領域、ＳＤＧｓ領域、ヘルスケア領域といった、これからニーズが高まる分野は狙い目です。

女性と若者に訪れる大チャンス

特に女性や若者には大チャンスが訪れています。世界の流れからは周回遅れになっていますが、遅ればせながら日本でも、ジェンダーとエイジ（年齢）の民主化が進行しています。

北欧諸国のように、政治・経済・メディアなどあらゆる領域で、公式非公式のクオータ制が広がっていくはずです。「女性だけを優遇するのは逆差別だ」「女性枠みたいな形で、本当に認められていない感じがして嫌だ」という意見も根強いですが、「クオータ制によって、女性が重要ポストなどに占める割合を高めることで、女性の声が社会に届きやすくするとともに、女性によりフェアに機会を与えるべきだ」という声が優っていくでしょう。こうしたトレンドに配慮しない企業は、消費者からそっぽを向かれます。そうならないよう、企業セクターから真っ先に動き始めるはずです。

自分の好きな分野で頭角を現したい女性は、たとえ女性枠だと感じても、そのチャンスを存分に活かせばいいと思います。チャンスを活かして、実力も高まれば、そのうち誰も女性枠だと揶揄しなくなります。

国際舞台でも追い風が吹いています。今は、世界で活躍する日本人が少ないために、ダイバーシティ枠として、日本人は優遇されやすい。日本人であれば、国際機関に就職しやすかったり、海外の大学に合格しやすかったり、シンポジウムなどで登壇しやすかったりします。そうしたトレンドも、貪欲に活かしていけばいいのです。

スタートアップも女性が少ない分野です。日本経済新聞社が、推計企業価値100億円超の未上場58社に聞いた「NEXTユニコーン調査」(2019年)によると、女性役員の比率はわずか約6%。これは上場企業とほぼ同じです。日本では、既存の企業も、新しいスタートアップ企業も男性中心のままなのです。

帝国データバンクの調査によると、全国の社長に占める女性の比率は、8・1%に過ぎません(2021年4月末時点)。これは1990年に比べると、3・6%上昇していますが、伸びるスピードがあまりに遅い。しかも、女性社長の平均年齢は63・2歳と高く(男性平均は60・7歳)、約半分は一家の後を継いだ形で社長に就任しています。ちなみに、新たに社長になった女性の中では、創業社長が約6割強を占めており、前々年の約4割から大幅にアップしています。女性起業の流れは高まりつつあるのです。

女性の起業を支援する動きも芽生えています。ベンチャーキャピタル(VC)の中では、女性起業家を対象とするものも出てきています。

シードを中心に投資を行うVCのANRIの4号ファンド(運用額250億円程度)

女性社長比率 推移（1990-2021年）

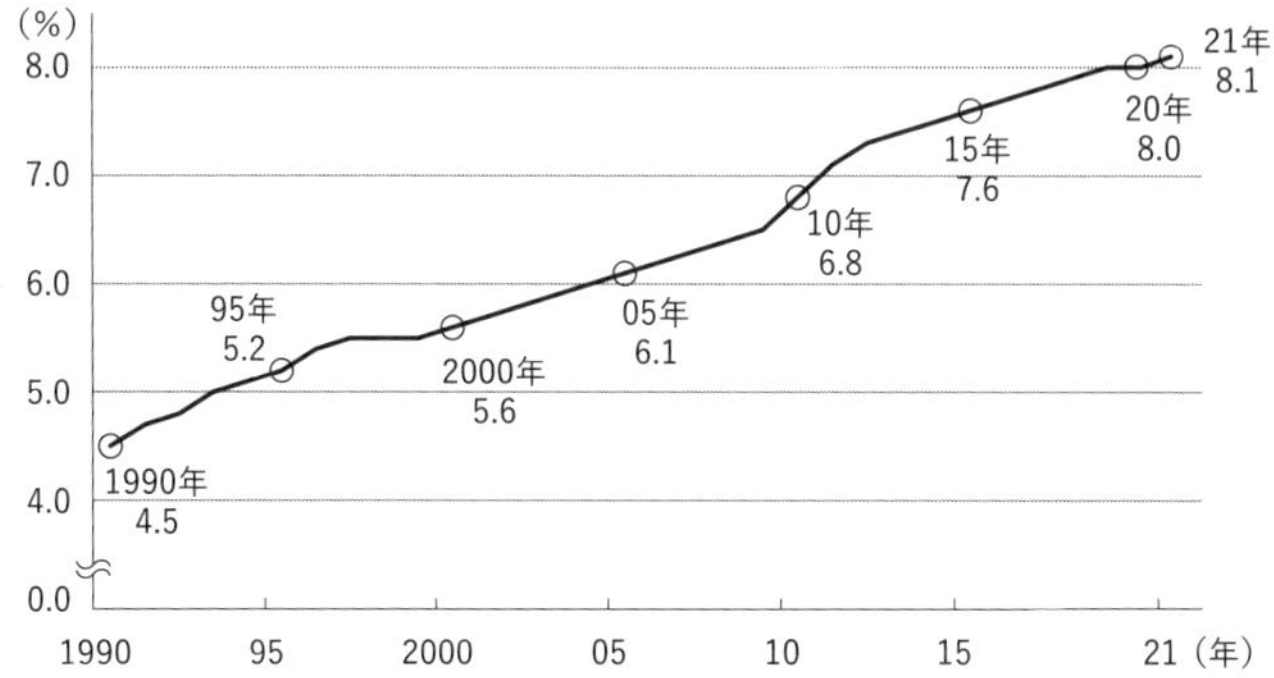

出所）帝国データバンク

では、投資先社数の2割を女性起業家の会社とする投資方針を定めています。２０２１年には、元ゴールドマンサックスのキャシー松井さんら4名の女性が、１６５億円のファンドを設立し、ＥＳＧをテーマに投資を行っています。

デジタルシフトや、ＳＤＧｓの広がりは、若者へのパワーシフトにもつながります。とりわけ地球環境問題については、次世代が強い発言力を持ちます。

スウェーデン人のグレタさんが起こしたムーブメントは日本にも波及しています。２０２１年の1月に、能條桃子さんら10代、20代の9名が連名で、ベトナムで計画されている石炭火力発電所建設「ブンアン２」をめぐり、三菱商事、みずほ・三井住友・三菱ＵＦＪのメガバンク3行と国際協力銀行に公開質問状を送りました。

サステイナビリティは、これからの時代を生きる若い人にとって、差し迫ったテーマです。自らが60歳になった時、地球がボロボロになっていたら、困るのは自分たちです。リアリティのある「自らの問題」だけに、若い人の言葉には力があるのです。

ＳＤＧｓやＥＳＧは決して、慈善事業的なものではありません。サントリーの新浪剛史ＣＥＯは「サステイナビリティ経営は、企業の成長と生き残りのための必要条件」と強調していました。サステイナビリティを真剣に考え、行動しない企業は、消費者からそっぽを向かれ、商品が売れなくなり、ライバル企業との競争に敗れてしまうということです。さらには企業を超えた国家間の競争にも発展しています。それくらい、サステイナビリティやＳＤＧｓがど真ん中のテーマになっているのです。だからこそ、サステイナビリティの価値観に沿ったライフスタイルを打ち出すことが、地球や社会のためになるだけでなく、大きなビジネスチャンスになるのです。

起業すれば定年後も働ける

リクルートで数々の新規事業を起こした後、海外旅行関連サービスを営むＷＡｍａｚｉｎｇを起業した加藤史子さんは「起業は最高の贅沢」だと言います。

その思いが、自分自身が起業してみてよくわかります。自分が心からやりたいと思っていること、社会に役立つと思うことを、この人たちと一緒にやりたいというメンバーたちと一緒にできる。自分らしいライフスタイルで実現できる。こんな幸福に満ちたことはありません（信頼する人たちだけに、絶対成功させないと申し訳ないという気持ちも強くなります）。大企業などでは、人事も上が決めることであり、新規事業をやるにしても、自分の好きなメンバーばかりを集めるのは難しい。与えられた環境やメンバーでやりくりするしかありません。それに対して、自由を得られるのが起業なのです。

働き方の設計も自由です。ハードワークが必要になりますが、起業も長期戦です。24時間馬車馬のように働けばいいわけではありません。ワークライフバランスも自分の工夫次第です。自由も大きく、責任も大きい。白紙のキャンパスに一筆一筆絵を描いていくようなものです。

起業すれば、定年もなくなります。会社の事情に振り回されず、希望すれば、死ぬまで働くことも可能です。最近は、仕事をネガティブに捉える言説も多いですが、働くとは生きることでもあります。適度に働き、多くの人と触れ合い、社会との接点を持つことはきっと幸せにもつながります。

定年後の男性を見ているとそれは明らかでしょう。まだ仕事がしたいのに、定年後に仕事がなく、家でテレビを見ながら一人で過ごす。そんなもったいないことはありません。孤独は人間の最大の敵です。仕事は人間につながりと尊厳を与えてくれるのです。

私の家族を見ていても、起業は身近になっています。サラリーマン生活を終えた父は、70歳を超えた今も、自分の会社を立ち上げて、個人事業主としてデパートで靴のインソールをオーダーメードで販売しています。週に2、3日だけ働いて、残りの日はゆっくり過ごすという生活です。二人の子どもを持つ姉も、キャリアコンサルタントの資格をとって、自らの会社をスタートしました。起業は世代を問わず、自由なライフスタイルへのチケットになりうるのです。

理由⑤社会を変えられる

政治家もメディアも社会を変えられない

5つ目の理由は「社会を変えられる」です。特に今のような時代の転換点にある時には、既存のプレーヤーよりも起業家のような新参者の方が、新しい時代の価値観を打ち出しやすい。これまでの時代では、「社会を変える＝政治家になる」という考え方がオーソドックスでしたが、その方程式も変化していくでしょう。

私自身、記者や編集者として20年近く働いてきましたが、どうも引っかかるというか、胸を張れない自分がいるというか、大きなコンプレックスを抱えていました。

なぜなら、メディアは人や企業の評論ばかりする仕事だからです。自分はビジネスの素人なのに、ビジネスの最前線で奮闘している人たちを評論するのはなんだかカッコ悪いなあ、とムズムズしていたのです。

そのコンプレックスを克服するためにも、自ら起業してみて、批評される側に回ってみよう。そう思ったのが、起業の大きな理由の一つです。

そして、起業について調べているうちに、「これは自分の人生を変えるだけではない。私と同じように、起業に目覚める人が増えれば、日本のビジネス界が変わり、日本全体の空気感も変わる」と確信するようになったのです。

20、30代の時、私は「いつか政治家になりたい」と思っていました。それが、日本をよくする一番の方法だと思い込んでいたからです。28～30歳の時には、国際政治経済の勉強をするため、1000万円以上のお金を投じて、アメリカのスタンフォード大学大学院に留学までしました（その結果、借金だらけになりました……）。これも全ては、政治家になるという夢のためだったのです。

しかし、考えれば考えるほど、「自分が政治家になる」というイメージが湧いてきません。言いたいことはどんどん言ってしまう性格で（友人の医師によると、マイルドサイコパスだそうです）、根回しが下手ですし、サラリーマン一家で親の地盤・看板・カバンがあるわけでもありません。ルーティンや泥臭いことも大の苦手で、毎日、人の陳情を受け付けたり、毎朝駅前でスピーチしたりはまずできません。

運よく国会議員になれたとしても、一人の新米議員の力は米粒みたいなモノです。国会議員710人のうちの1人に過ぎません。大臣など幹部に出世して、意思決定に絡めるようになるには、長い下積みが求められます（大臣になっても、政治力がなければ、官僚機構を動かすこともできません）。私のような人間は、道半ばにして挫折することは目に見えています。

ではどうすれば、日本を変えられるのか。

メディアで冠番組を持てるくらいの有名人になるのか？　大きな組織に転職して組織の力を借りるのか？　いろんなシナリオを考えましたが、どれもいまいちピンと来ません。たとえメディアでの発言力が高まったとしても、しょせんは評論家です。

2019年に1年間、フジテレビの夜の報道番組「ライブニュースα」でレギュラーコメンテーターを務めさせてもらったのですが、いろんなニュースにしたり顔でコメントしている自分自身に嫌気がさしてきました。自分が経験したことのない分野について、さも専門家のごとく話す自分を恥じるとともに、視聴者の方々に失礼だと感じるようになり、降板させてもらいました。

テレビ朝日の玉川徹さんのように、自らの影響力をセンセーショナリズムとして使うと、むしろ社会に悪影響を与えかねません。言論の力は絶大ですし（SNSの興隆で波及力が増しています）、「ペンは剣より強い」というのも真理だと思います。しかし、その剣を振るうだけの経験と識見がなければ、〝悪魔の剣〟となりかねません。

そうして思い悩んだ末に行き着いたのが、起業家という答えだったのです。

起業大国アメリカのヒーローたち

ひとつの道標となるのはアメリカです。テスラのイーロン・マスクは、倒産危機から這い上がり、今では電気自動車のトップランナーになっています。「持続可能な運輸へと世界の移行を加速させる」というテスラのミッションは、まさに未来を先取りしています。

2021年9月時点の時価総額は7500億ドルを超えており、トヨタ（約2500億ドル）の約3倍です。さらには、人類の火星移住を目指す「スペースX」では、2020年にはついに有人宇宙飛行に成功しました。「人類救済」をテーマに次々とイノベーションを起こしていくマスクは、リアルなアベンジャーズのような存在です（ちなみに、彼は大のSF好きで、幼い頃からSFを読み漁っていたそうです）。

起業家から社会起業家へピボットしたのが、ビル・ゲイツです。私は〝かつてのゲイツ〟より、グレイヘアーで渋みを増した〝今のゲイツ〟の方が好きです。2008年からはビジネスの第一線を退き、前妻のメリンダと設立した世界最大の慈善基金財団「ビル&メリンダ・ゲイツ財団」の運営に集中しています（二人は離婚することになりましたが、財団は共同で運営していくそうです）。

ぜひネットフリックスのドキュメンタリー「天才の頭の中　ビル・ゲイツを解読する」を見てみてください。奉仕の精神に溢れた母の生き様を引き継いで、アフリカの貧困の根っこにあるポリオの撲滅、貧困国のための安価なトイレの開発、環境問題を解決するための原子力発電のイノベーションなどの人類の問題解決に邁進しています。2020年末までにコロナ対策のために投じた資金は17・5億ドルに上ります。ビジネス界で得た富と影響力を、世の中のために使っているのです。

アマゾンのジェフ・ベゾスも超人です（怖そうで一緒に働きたくないですが）。アマゾンのECはもはや生活者に欠かせないインフラになっていますし、アマゾンウェブサービス（AWS）はもはや企業に欠かせないサービスです。

マスクと同じく宇宙開発のために、ブルーオリジンを設立し、私財を注ぎ込んでいます。さらに2013年には、米国の代表的な新聞であるワシントンポストを2・5億ドルで買収。テクノロジーやコンテンツへの投資を加速して、瀕死だったメディアが、今ではDXの成功例として讃えられるようになりました。ECからクラウドから宇宙から新聞まで、あらゆる領域で革命児となっているのです。

もちろん起業家たちにも数々の批判はありますし、巨大テクノロジー企業の功罪はあります。手放しで褒め称えるのは思慮に欠けます。とはいえ、少なくとも、そこらへんの政治家よりもカッコいいですし、未来を創っているようには感じます。

起業家が政治家になる時代が来る

日本でも起業家が新時代を切り開いてきました。

歴史を振り返れば、日本資本主義の父である渋沢栄一や、三菱財閥の岩崎弥太郎を筆頭に、阪急・宝塚・東宝の小林一三、ソニーの盛田昭夫、井深大、ホンダの本田宗一郎、藤沢武夫、パナソニックの松下幸之助など、キラ星のごときヒーローがいます。これらの人物の伝記は、今読んでも格別の面白さです（『ソニー　盛田昭夫』［森健二著］、『小林一三　日本が生んだ偉大なる経営イノベーター』［鹿島茂著］、『わが友　本田宗一郎』［井深大著］の3冊が特におすすめです）。

現代では、孫正義さん、柳井正さん、永守重信さんあたりが起業家の代表格でしょう。孫さんは今や、ビジョンファンドを通じて、世界の名だたる投資家になりましたし、ユニクロは世界一のアパレル企業の座が見えてきましたし、日本電産は、電気自動車時代にモーターの覇者になるポテンシャルがあります。ワールドクラスの起業家です。

楽天の三木谷さんはあまり人気がないようですが、私は好きです。とにかく粘りがすごい。ECにしろ、ネット証券にしろ、クレジットカードにしろ、野球にしろ、サッカーにしろ、最初はパッとしなくても、いつの間にか存在感を増している。今回、携帯料金が一気に下がったのも、楽天の携帯参入があってこそ。近年は、がん治療の領域でも個人資産を中心に百数十億円を投資して、光免疫療法という新たな治療法を開拓しています。偽悪的なところがあるため、批判されがちですが、日本を思う気持ちも強く、起業家精神に溢れた人だと思います。

こうしたヒーローとなる起業家が生まれてくることこそが、日本社会を変革するドライバーになるのだと思うのです。

ゆくゆくは、起業家の中から、自らの資産をベースにして、政治の世界で成功する人も出てくるでしょう。賛否両論ありますが、ドナルド・トランプは起業家から大統領まで駆け上がりました。マイケル・ブルームバーグは、金融業界向けの情報端末のサービスで財を築き（2020年時点の資産は、549億ドル）、2002年から2013年までニューヨーク市長として辣腕を振るいました。

これからの時代の政治家は、経済やビジネスがわかっていないと話になりませんし、金のスキャンダルに見舞われないためにも、資産を持っていることは強みになります（親の資産ではなく、自らの努力で築き上げたお金だと、なおさら粋です）。そういう人がリーダーになって、自己犠牲の精神で日本をリードしたとき、きっと日本は新たなフェーズへと進めるはずです。

これからは都市の時代ですから、都市の単位でリードする地方公共団体の首長にも期待です。直接選挙で選ばれて、権限の強い自治体の長の方が、ダイナミックな変化を起こせるかもしれません。起業家出身の政治家、財団のトップなどが日本でも誕生して、スピーディーに社会を変えていく日はそう遠くないはずです。そうすれば、起業家はますます憧れの職業になるでしょう。

今から、起業家精神のタネを播《ま》いていけば、5年後、10年後には大輪の花を咲かせるはずです。タネが芽吹くためにも、多くの人々にまずは起業について知ってもらわなければなりません。子どものなりたい職業ランキングに、ユーチューバーやサッカー選手やアイドルだけでなく、起業家や経営者が入ってくる日が待ち遠しいです。

第2章

起業にまつわる5つの誤解

前章では、起業すべき理由について説明しましたが、今なおこう感じている人は多いかもしれません。「とはいえ、一部の意識の高い人やぶっ飛んだ人の話であって、私には関係ない。成功する人は僅かだし、リスクが大きすぎる」。

もちろん、起業はそう簡単に成功するものではなく、向き不向きもあります。決して皆におすすめするものではありません。

しかし、過去5年に、日本の起業を取り巻く環境は大きく変化し、コロナショックでそのスピードがさらに加速しています。安易に「起業せよ」と説くのは不見識ですが、起業を過度におそれるのも時代錯誤です。たとえば、中国の友人と話すと「起業は特別なものではなくて、人生のどこかで起業しようと考えるのは普通だよ」と言います。起業がライフスタイルやキャリアプランに溶け込んでいるのです。日本でもそうなるのは、遠い話ではないと思っています。

ファンドマネージャーとして1兆円を運用し、ベンチャーキャピタルも運営する藤野英人さんは「日本でも起業のインフラが整い、2000年代のシリコンバレーに似てきた。20年後の2040年の日本がとても楽しみ」と語っていました。まさに日本が起業大国となる機が熟してきたのです。

この章では、最新情報をベースにして、起業・スタートアップにまつわる5つの誤解を解いていきましょう。

誤解①起業するには若くないといけない

起業の成功率が高いのは40代

まずもって、「起業＝若者の特権」というのは誤解です。

ドラマに出てくる武勇伝では、学生時代に起業したという話がよく出てきます。ハーバード大学時代に起業したビル・ゲイツ（19歳）やマーク・ザッカーバーグ（20歳）、東大在学中に起業したホリエモン（23歳）や、24歳でサイバーエージェントを創業して翌々年に当時史上最年少で上場した藤田晋さんが良い例でしょう。スティーブ・ジョブズも22歳でアップルを立ち上げています。

もちろん、今でも学生時代に起業する人はいますが（東大生の起業家が少しずつ増えています）、それはあくまで少数派です。

日本政策金融公庫の「２０２０年度新規開業実態調査」によると、２０２０年に起業した人の内、29歳以下は４・８％にすぎません。ボリュームゾーンは40代（全体の38・1％）と30代（全体の30・7％）。次ページの図に示したように、起業時の平均年齢は43・7歳と8年連続で上昇しています。

起業時の平均年齢の推移（日本）

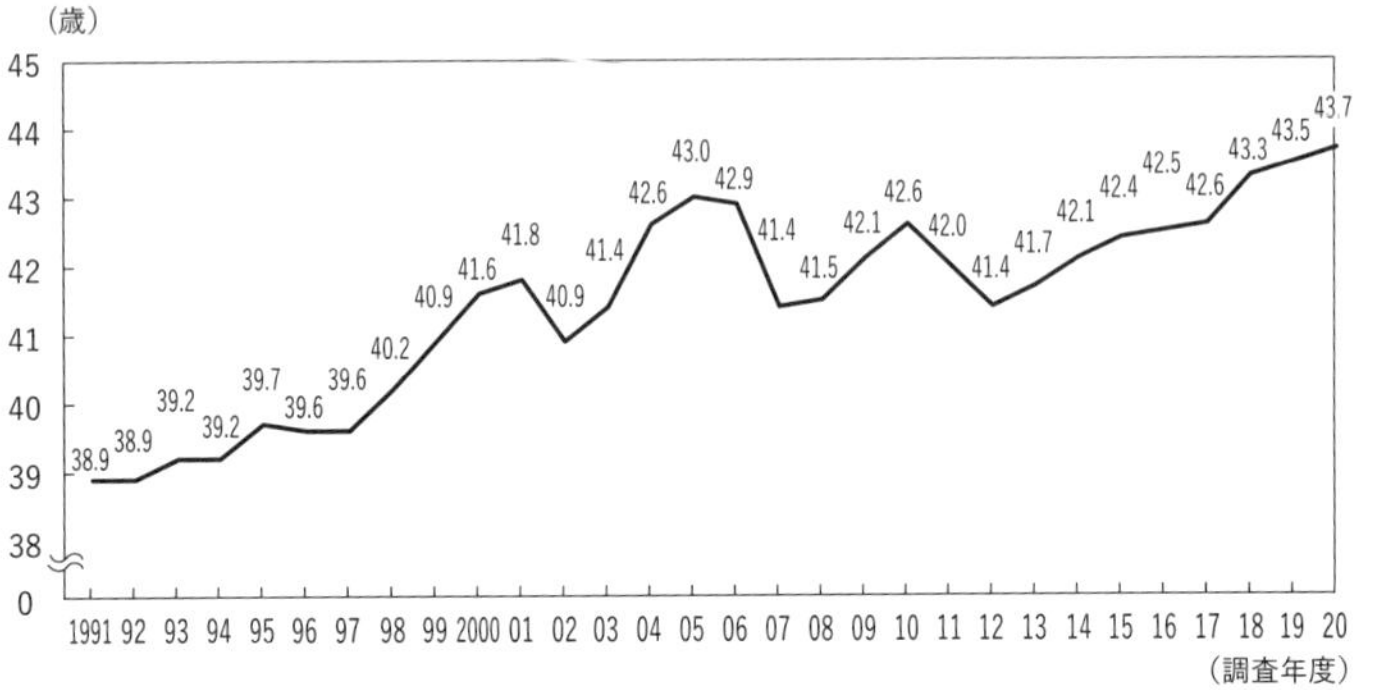

出所）日本政策金融公庫

起業先進国のアメリカでも、「起業家＝若い」というのは神話です。

MITスローン経営大学院のピエール・アズレー教授らの分析によると、起業家の創業時の平均年齢は42歳（注18）です。ハイテク系スタートアップに限っても、40代前半が平均でした。ソーシャルメディアなどの、B2C向けサービスでは若い創業者が目立ちますが、起業の中心は40代なのです。

さらに、もっとも成長したスタートアップ（＝創業から5年間の成長率で上位0・1％に入る）に限ると、創業者の創業時の平均年齢は45歳です。つまり、大企業やスタートアップで経験や実力や人脈を鍛え上げてから起業したり、シリアルアントレプレナーとして何度も起業したりして、成功を手にする40代創業者が多いのです。

分析レポートでも、「ふさわしい経験を

米国のスタートアップ創業者の年齢

最も成長したスタートアップの創業者は、平均45歳である。

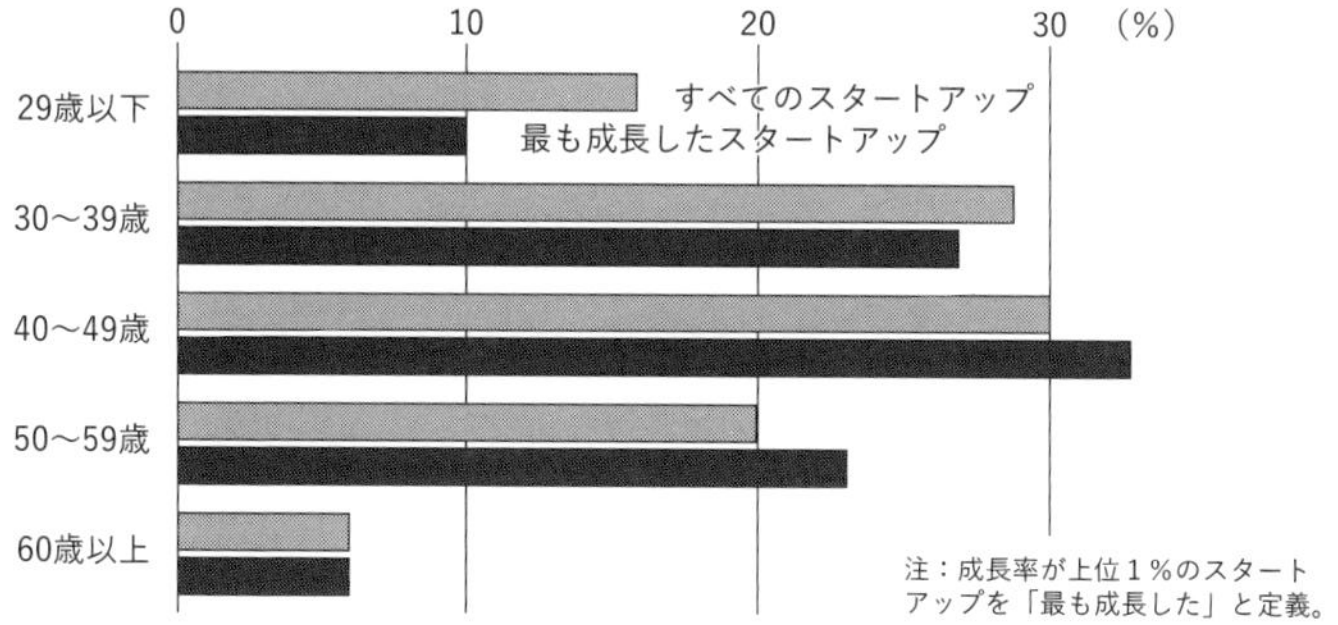

注：成長率が上位１%のスタートアップを「最も成長した」と定義。

出所）"Age and High-Growth Entrepreneurship," by Pierre Azoulay et al., NBER, April 2018

持たない創業者に比べて、立ち上げるスタートアップと同じ業界で最低3年の経験を持つ創業者は、起業で大成功する可能性が85％も高くなる」「起業の実績は年を重ねるにつれて大きく向上し、50代後半で頂点に達する。年齢以外に何の情報もない起業家2人と向き合ったら、たいていの場合は年長の創業者に賭けたほうが賢明だろう」と結論づけています。

ハーバードビジネススクールのノーム・ワッサーマン教授による研究では、「スタートアップが最も長く生き残るのはそれまでに中程度の実務経験（推計では25年）を積んだ人が創業した場合」との調査結果を紹介しています。(注19)

若くして起業した経営者も、代表的な実績を上げているのは、50代が中心です。ジョブズがiPhoneを発売したのは52歳のときです。ネットフリックスのリード・ヘイスティングスが「ハウス・オブ・カード」という大ヒットを世に送り出したのも、52歳の時です。

戦後の日本を見ても、本田宗一郎が本田技研工業を立ち上げたのは42歳のとき。そこから二輪事業での飛躍を経て、四輪事業に乗り出したのは57歳のときでした。その翌年にはF1参戦も果たし、66歳で社長を退くまで仕事人生を駆け抜けたのです。

ソニーがウォークマンを発明した時、創業者の井深大は老境に入っていました。ソニーの社史にはこうウォークマン開発ストーリーが記されています。

「『こんなのを作ってくれ』とアイデアを出したのは、70歳を過ぎた井深で、『これはいけるぞ』と商品化に熱中したのは60歳に近い盛田である。彼らは、自分の年齢にも、過去の経過や成功にも捉われることがなかった。絶えず好奇心に満ちあふれ、若者の生活にアンテナを張り、新しい商品提案を支持する感性と、何よりも熱意を持ち続けていた」(注20)

40代起業家としてのJ・Y・パーク

起業家は若くて体力があることも大事ですが、それ以上に信頼や経験がモノをいう分野も少なくありません。法人を相手にするBtoB領域、政府を顧客とするBtoG領域、自動車、医療、バイオなど命にかかわる領域、資源、エネルギー、電気など社会インフラを担う領域では、失敗が許されませんので、大胆さよりも安定感が求められます。

例えば、コロナ禍で日本でもすっかり定着したＺｏｏｍ。同社創業者のエリック・ユアンは、41歳の時にシリコンバレーで起業しています。20代後半に中国から米国へ移住し、ウエブ会議システムのWebExに入社、２００７年に同社がシスコシステムズに買収されたためシスコの一員になったものの、４年後には独立しました。スタートアップと大企業で経験を積んだ後に起業するという、王道の起業モデルです。

チャットツールとして有名なスラック。２０２０年にセールスフォースによる２７７億ドルでの買収が発表された同社も、起業時の年齢は40歳です。創業者のスチュワート・バターフィールドは、いわゆる連続起業家です。大学卒業後に、ゲーム製作会社「ルディコープ」を共同創業し、そこで創った写真共有サービスの「フリッカー」がヒットします。同サービスをヤフーに売却した後、２回目の企業としてスラックを立ち上げて大当たりしたのです。

ちなみに、２０２１年１月に日本に上陸し、一時大ブームになった音声ＳＮＳ「Clubhouse」の創業者、ポール・ダヴィソンも40代です。

最近、日本でもハイテク系スタートアップにおいて、40代での起業が徐々に増えています。２０２０年にピープル・テック・スタジオを立ち上げた麻野耕司さんは40歳で起業しています。一部上場企業のリンクアンドモチベーションの取締役の地位を捨て、起業に踏み切ったことが、スタートアップ業界では話題になりました。

今の40代前半の世代は、デジタル世代、個人主義世代の先駆です。ナナロク世代と言われるように、1976年生まれ以降から、テック系の起業家が増えています。アナログに親しみがありながらも、デジタルにある程度は慣れており、昭和世代と平成世代の気持ちがわかる両利きの人が多いのが特徴です。

私自身、スタートアップ業界で7年間いろんな起業家に取材をして、自ら41歳で起業してみてわかりましたが、40代の起業は大ありです。年功序列の色が未だ強い日本では、米国以上に「ミドルエイジ・スタートアップ」は有利だと思うのです。

私自身も若い頃は「40歳は結構おじさんで、体力的にもガタが来るのかなあ」と恐れていたのですが、いざ40歳になってみると、体力面の衰えはさほど感じません。食生活に気をつけて、定期的に運動していれば（私は水泳と散歩）、40代も最前線で十分戦えます。

NiziUで有名になったプロデューサーのJ・Y・パークは40代から食生活をガラッと変えたそうです。若い頃は、パーティーで遊んだり、暴飲暴食もしたりしていたそうですが、今ではオーガニックフードしか食べず、シャンプーもオーガニックしか使わないという徹底ぶりです。豪華な自社オフィスの中に、オーガニックのレストランを作るとともに、メンタルケアを行うカウンセラーを置いて、アイドルたちが心身ともに健康な生活を送れるようにしています。ちなみに、J・Y・パーク自身が、韓国を代表する起業家の一人です。1997年に創業したJYPエンターテインメントは株式市場にも上場しており、2021年8月時点の時価総額は約1500億円に達しています。

ミドルエイジ起業の強みは「人脈と経験」

スタートアップは若い方が有利な面もありますが、年齢を理由に夢を諦める必要はありません。勢いよりも、経験や成熟がプラスに働くこともあります。

では何がミドルの強みなのでしょうか？

一つは人脈です。人生で積み上げた人のネットワークが大きな強みになるのです。人のキャラクターによりけりですが、遠慮ないフラットなコミュニケーションができるのは、前後10歳くらいでしょう（40歳の人は30歳〜50歳くらい）。人はなかなか本音で本気でフィードバックはしてくれません。それだけに、忌憚なく鋭いアドバイスをしてくれる同世代や年上のネットワークは起業において本当に心強いのです。私も、知人や知人の紹介で知り合ったプロフェッショナル、起業家、投資家などに、毎日のようにフィードバックをもらいました。いわば、最高の家庭教師です。半年にわたるフィードバックの嵐によって、私の事業プランは当初から見違えました。

仕事上の人脈も、得てして同世代に集中しがちです。若い人の場合、同年代の知人が「力」を持っていないことが多い上、ＩＴやスタートアップの人脈ばかりに偏ってしまいます。大企業でも同世代は平社員なので、予算や意思決定力がほとんどありません。ところが、40代くらいになると、同年代に「力」を持つ人が増えます。同級生や社外で知り合ったビジネスパートナーたちも重職につき始めて、大きな予算や事業を動かせるようになってきます。大企業、プロフェッショナル、スタートアップ、カリスマ起業家など、人脈を縦横無尽に編集して、事業を組み立てられるようになるのです。

2つ目のミドルの強みは経験です。

AI、ソフトウェア、プログラミングなど純粋にテクノロジー寄りの分野は、若い方が圧倒的に有利です。ただし、実際のビジネスは、テクノロジーやロジックだけでは動きません。実務を通じて学ぶ実践知、心理戦に勝つ交渉術、人をやる気にさせるマネジメント、強いチームを創る組織構築力など、経験が生きる領域もたくさんあります。

大企業向け営業などは、その典型でしょう。

日本では大企業と組まないと、事業をマス化するのが困難です。しかし、大企業との付き合い方がわからない起業家やスタートアップ幹部は珍しくありません。私の知人もスタートアップに転職してみて「大企業向けにしっかり営業できる人がこの業界にほとんどいなくて驚いた」と言っていました。「スタートアップは個人対個人のトップセールスで開拓しようとするが、大企業は法人対法人のビジネス。相手の組織全体をどう動かすかを、顧客の組織や意思決定プロセスを把握した上で進めないといけない。いわば、詰将棋みたいなもの」。すなわち、大人の営業が求められるのです。

大企業向けERPなどを扱うワークスアプリケーションズを創業して、一時は100億円を超す売上高を記録した牧野正幸さん。現在は、同社の経営を退き、若い起業家へのアドバイスも行っていますが、日本のスタートアップが大きくならない理由として

「BtoBの営業の仕方を知らないこと」を挙げています。

消費者向けのサービスであれば、優れたプロダクトを創り、ネットやテレビCMをうまく使ってマーケティングすれば、メルカリのように突き抜けた成長もできます。しかし、BtoBの場合、本丸である大企業を攻略しないとなかなか大きくなりません。大企業を口説くには、その大企業の組織の論理を知悉《ちしつ》する必要があります。「まずは現場の担当者を口説いて、次に部長の決裁を得られるようにこんな資料を作って、その後には、役員会議を通すために、こんなプレゼンしよう」という風に、戦略的かつ粘り強く、営業をしなければならないのです。これは大企業勤務経験のない、20代の起業家ではハードルが高い。だからこそ、ミドルの経験が生きてくるのです。

前出の牧野さんは、日本の起業家は「やらなくてもいい失敗をしてしまう」と指摘します。起業家がつまずくポイントはほとんど共通していて、その教訓を知っていれば避けられるものがほとんど。しかし、無知のため過去と同じミスを繰り返してしまうのです。「失敗は経営者の個人としての成長にはつながるが、企業の成長にとってはマイナスになってしまう」と牧野さんは言います。

スタートアップの鬼門は、人事と組織です。典型的な失敗は、幹部クラスに、会社のカルチャーと合わない大企業出身者やベテランを雇ってしまうことです。スタートアップは、よくも悪くもカルチャーが強烈であり、カルチャーが大きな差別化になります。ただし、スタートアップのカルチャーは、若いがゆえに根が張っておらず、ちょっとしたことで揺らいでしまう。カルチャーと合わない幹部を複数登用してしまうと、土台が崩れてしまうのです。

スタートアップも有名になり、人気が出てくると、かつては考えられなかったようなピカピカのキャリアの人が応募してきます。そこで、グラッときて要職に据えてしまうと、高い確率で失敗します。できるだけ内部で育てつつ、失敗を前提にした慎重な幹部登用をしないと、組織がボロボロになってしまうのです。

40代になると利他心が強くなる

3つ目の強みは、欲望コントロールです。

若い時は、どうしても欲に溺れやすい。メガネチェーンの「オンデーズ」創業者である田中修治社長は、「周りの経営者を見ていると、3つのGで失敗する人が多い」と分析します。3つのGとは、ギャンブル、ゴルフ、外車です。その他にも、お酒、異性との付き合い、怪しい投資案件、過剰なメディア露出など、起業家の周りには誘惑に溢れています。特に、IPOや会社売却などでエグジットして大金を持つと、有象無象の怪しい輩が群がってきます。

少し油断すると、心の隙間に忍び込んできます。よっぽどできた人間でない限り、20代や30代で欲に流されるのは、人間として当然ともいえます。

「若くして名を上げる→周りがちやほやする→苦言を呈す人がいなくなる→大きな失敗

を犯す→事業が衰退する」。忖度文化のある日本では、こうした悪循環に陥りやすいのです。

中でも怖いのが全能感です。「この人は大丈夫だろう」と思った人でも、あっという間にダークサイドに落ちていきます。私の肌感覚によるものですが、30代までは「自我に食われる」リスクが大きい気がします（そういう人も、一度落ちた後に復活することもあります）。

ところが、人にもよりますが、40歳ぐらいになると欲も落ち着いてきます。40代ともなると、公私において一つやふたつの挫折は味わっています。しかも、若者ほどちやほやされませんし、家族もいて精神的に安定している人も増えます。メルカリの山田進太郎さんのような連続起業家なら、なおさら浮かれることはないでしょう。

リクルート出身で35歳以上向けの転職支援サービスを行う黒田真行さんが、あるエグゼクティブコーチの言葉として次のようなメッセージを紹介していました。

「20代・30代までは〝俺が〟〝私が〟と自己効力感を思いきり追求していけばいい。でも40代以降は、自分を含めた〝家族〟〝会社〟〝お客様〟〝業界〟〝国〟というように、視点や意識を徐々に全体性にシフトできると、人生の充実感が高まりやすい」

周りを見ていても、自分を超えた何か、世のため人のため、ノーブルな目標を掲げる人が、40代を超えると増えてきます。ハングリーさとノーブルさの塩梅が良くなるのが40代と言えるのかもしれません。

40代以上の起業の4大動機

	男性起業家	女性起業家	男性非起業家	女性非起業家
30代から変わらない4大動機	自律性 権力および影響力	自律性 利他心 仕事の範囲が広いこと	評価 安全	利他心 仕事の範囲が広いこと
新しく浮上した4大動機	利他心 仕事の範囲が広いこと	知的やりがい	利他心 自律性	緩和（帰属心） 自律性

出所）『起業家はどこで選択を誤るのか』

40代からの変化は、データからも顕著です。ハーバードビジネススクールのノーム・ワッサーマン教授は、2・7万件のキャリアデータをもとに、年代別に「起業の動機」の違いを調べています。(注21)

その結果を見ると、20、30代の男性起業家と、40代の男性起業家の起業動機には明らかな違いがあります。男性の場合、20代も30代も「権力および影響力」「自律性」「人を管理すること」「経済的利益」が4大動機ですが、40代になると突如、「仕事の範囲が広いこと」に加えて、「利他心」が浮上してくるのです。

ちなみに、女性起業家の場合、20代から「利他心」が4大動機に入っています。ワッサーマン教授は「利他心に関しては約20年、男性起業家は女性起業家に遅れている」と記しています。

誤解②起業するにはお金持ちでないといけない

起業の平均コストが劇的に低下

起業するには、すでに財産があったり、実家がお金持ちだったりでないといけない。そう思っている人も多いのではないでしょうか。

業種にもよりますが、起業するための初期費用はグッと下がっています。ソフトウェア、コンサルティング、デザイン、コンテンツなど、大きな設備投資のいらない個人をベースとした事業であれば、すぐに立ち上げることも可能です。

会社設立に関連する登記などのコストは、25万円程度です。今では、マネーフォワードやFreeeといったサービスを使えば、手軽に登記できます。メールもグーグルワークスペースと契約してGメールを導入し、スラックでコミュニケーションをとって、バックオフィス業務にはスマートHRを使えば、スムーズにスタートできます（次ページの一覧参照）。ソフトウェア・アズ・ア・サービス（SaaS）と呼ばれるクラウドで提供されるサービスが各分野で充実したことにより、会社立ち上げのコストと手間は格段に下がっているのです。

起業の際に役立つ主なサービス

会社設立・会計ソフト	マネーフォワード、Freee
電子捺印	クラウドサイン、DocuSign
社内チャット	Slack、Teams
メール	Google Workspace
ファイル保存	Dropbox
労務管理	SmartHR
勤怠管理	ジョブカン
プレスリリース	PR TIMES
契約書チェック	Legal Force
オンライン会議	Zoom
タスク管理	Notion
採用	Wantedly、YOUTRUST
電話番	fondesk
決済	Stripe
EC	Shopify、BASE
サイト作成	WordPress
名刺管理	Sansan
クラウドソーシング	クラウドワークス、ランサーズ
リモート人材派遣	キャスター

「人が対応してくれるサービスでないと不安だ」という人に対して、良心的な価格でサービスを提供してくれるプロも増えています。人をいきなり雇うのは不安という人は、リモートワーク専門の人材派遣サービス「キャスター」もおすすめです。リモートでプロやオンライン派遣の方々が仕事を手伝ってくれます。

そしてコロナに伴うリモート化によって、オフィスコストが圧縮できるようになりました。最初は、ホームオフィスでもいいですし、コワーキングスペースも充実しています。「起業の平均費用」が劇的に下がっているのです。

シード投資で2、3億円はザラ

たとえ資金の蓄えがなくても、出資してもらうという手があります。

現代には、ベンチャーキャピタル（ＶＣ）やエンジェル投資家という心強いパートナーがいます。ＶＣとは、未上場のスタートアップに対して投資を行うファンドを指します。ＶＣが狙うのは、ヒットよりホームランです。10本に１本大当たりが出れば、十分なリターンを稼げるため、大胆にリスクを取るのが特徴です。

ちなみに、ＶＣの起源はコロンブスに資金を提供したイザベル女王だと言われています。コロナショックによりデジタル分野を中心とした「新大陸」が生まれている現代は、まさにＶＣが躍動して、「第二、第三のプチコロンブス」を探す時代なのです。

日本でもスタートアップブームが起きています。スタートアップによる資金調達額は２０１２年から右肩上がりで伸び、２０１９年には５２５４億円に到達。２０２０年はコロナショックにより落ち込んだものの、２０１８年よりは大きい４６１１億円になっています。２０２１年に入ってからも、大型調達が相次いでおり、スタートアップ投資ブームは継続しています。米国の50分の１以下、中国の20分の１以下と米中と比べるとまだまだ小粒ですが、年々、スタートアップに投じられるお金は増えています。

国内スタートアップ 資金調達額・調達社数推移

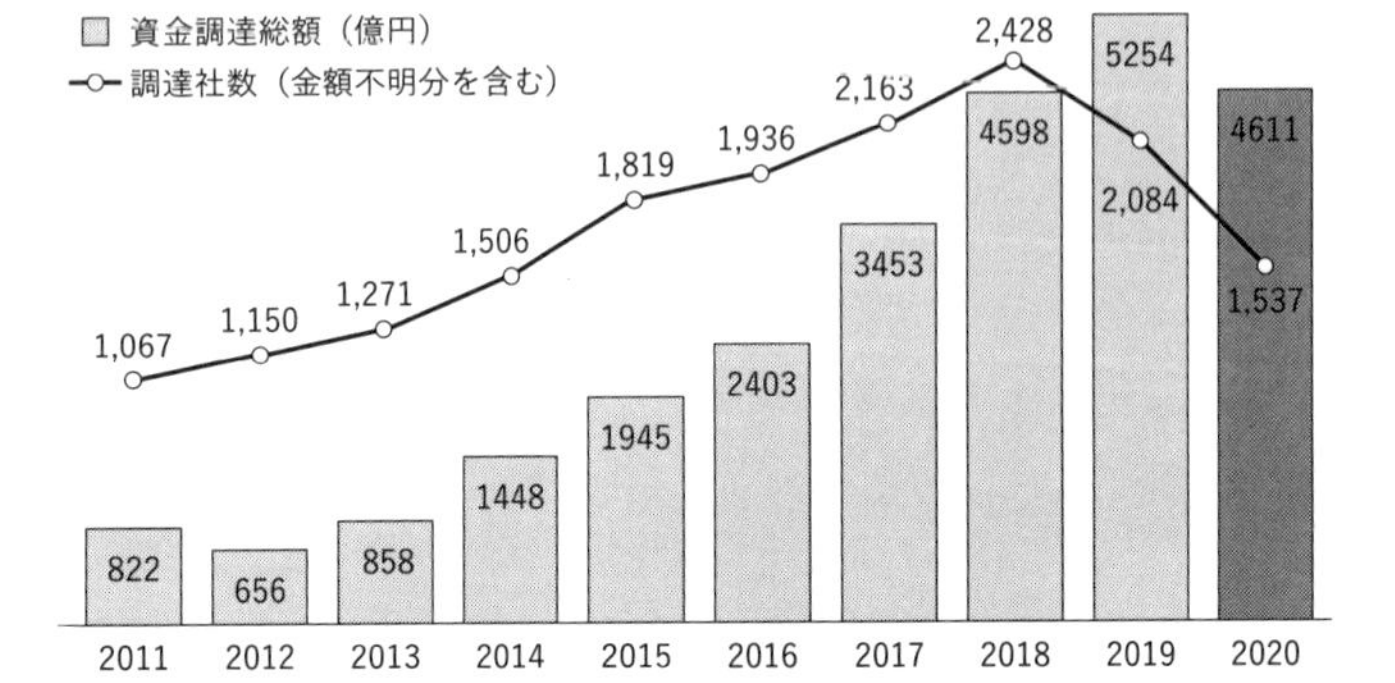

注1) 2020年の値は基準日までに観測されたものが対象。
注2) データの特性上、調査進行により過去を含めて数値が変動する。調査進行による影響は直近であるほど、金額が小さい案件ほどうけやすく、特に調達社数が変化しやすい。

出所）INITIAL

以前は、シリーズA、シリーズBと呼ばれる、ある程度実績が出たスタートアップへの出資が主でしたが、最近はアイディア段階のシード投資に強いファンドも増えています。VCの競争が激しくなってきたため、より芽の段階から投資しようという流れが強まっているのです（スポーツの世界でも、競争が過熱してくると、青田買いが増えて、小学校・中学校から目をつけるのと同じ理屈です）。

コロナショックで投資が冷え込むのでは？　と危惧する声もありましたが、むしろ国内外で投資熱は高まっています。P100の表はグローバルにおけるシード、シリーズA、シリーズBの一社あたりの調達規模の推移を示していますが、2021年上半期の伸びは顕著です。

調達額の平均値を見ると、シードで250万ドル、シリーズAで1500万ドル、シリーズBで4000万ドルに達しています。優れた起業アイディアがあれば、2、3億円はポーンと出してもらえる時代なのです（私もシード投資で3億円の調達をしました）。

次ページにはシード・アーリー期の投資に強い、日本で活動する主なVCを記しています。業界のガリバー的な存在であるジャフコ、メルカリのリード投資を行ったグロービス・キャピタル・パートナーズ、freeeにシードラウンドから投資したDCM、Sansanのリード投資家であるインキュベイトファンドなどを筆頭に、プレーヤーの数は年々増え、ファンドの大型化も進んでいます。その背景には、海外の機関投資家の存在があります。

コロナショックの経済対策として、世界各国がお金を刷りまくったため、世界中でカネ余りが起きています。海外では日本以上にお金が余っているため、その資金が日本にもなだれ込んできているのです。

スタートアップ市場が成熟していない日本は、相対的に魅力が高まっています。日本では、依然として古い企業が各業界を牛耳っており、オセロをひっくり返すスタートアップが出やすい環境がある、つまりはファンドとして、大きく儲ける余地があるとみているのです。グーグルを発掘した伝説のVC、セコイアキャピタルが日本での活動を強

世界のシード、シリーズA、シリーズBの投資の平均額（2021年上半期）

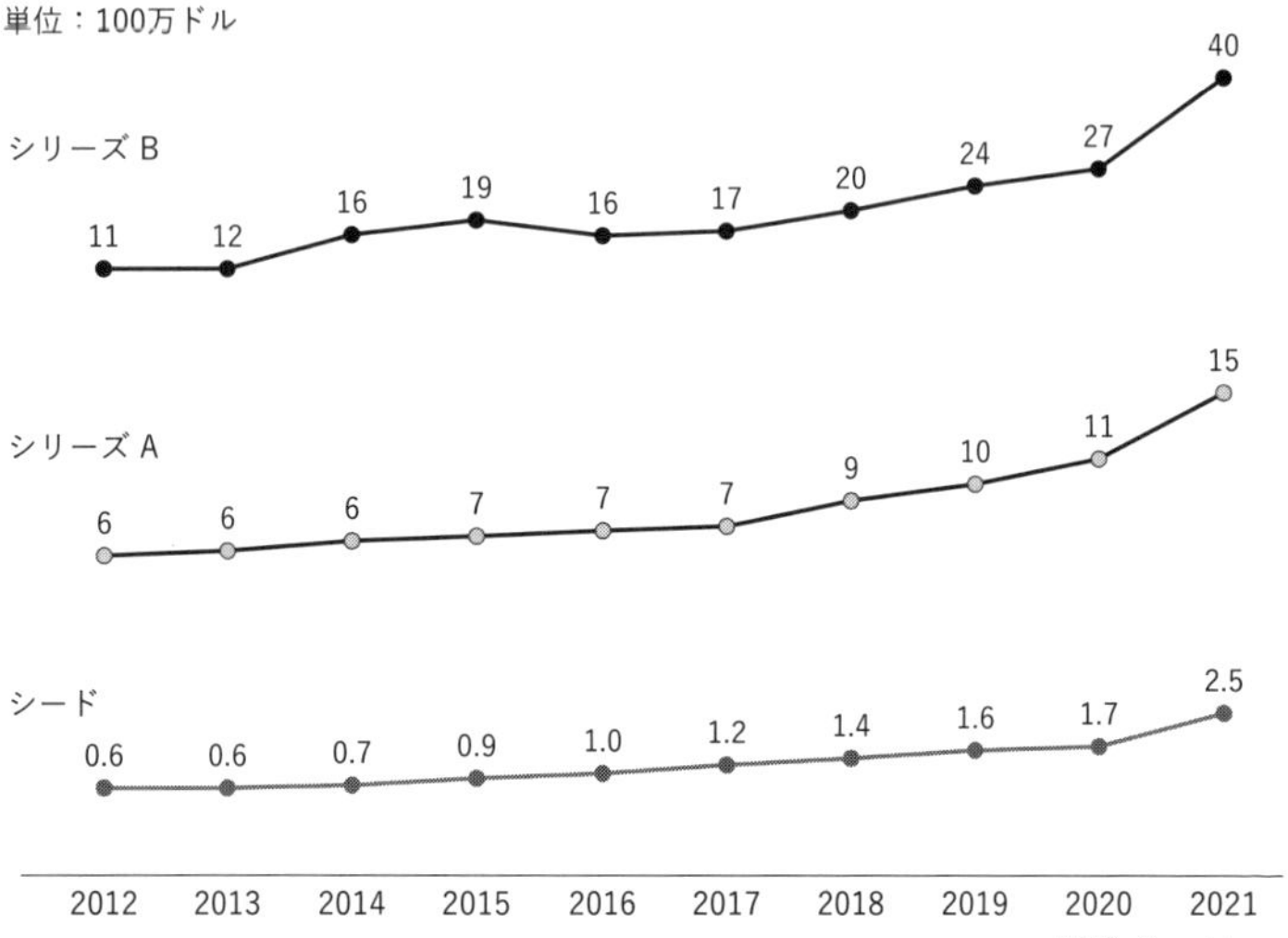

出所）Crunchbase

シード、アーリー投資に強い主なVC	
ジャフコ	DNX
インキュベイトファンド	Z Venture Capital
DCM	サイバーエージェント・キャピタル
グロービス・キャピタル・パートナーズ	伊藤忠テクノロジーベンチャーズ
グローバル・ブレイン	東京大学エッジキャピタルパートナーズ
Coral Capital	サムライインキュベート
One Capital	イーストベンチャーズ
ANRI	スカイランドベンチャーズ

化しているのはその際たる例です。私が投資をしてもらったOne Capitalは、第一号ファンドとして160億円もの資金を集めることに成功していますが、その4割以上が海外投資家による出資です。

とりわけ、SaaSと呼ばれるサービス型のソフトウェアを提供する会社は大人気です。上場企業でも、会計分野のFreee、マネーフォワード、名刺管理のSansanなどは、株価を大きく伸ばしています（2021年9月6日時点の時価総額は、それぞれ4537億円、4837億円、3683億円に達しています）。

今までの日本は、SIer（システムインテグレーター。富士通、NEC、NTTデータ、日立製作所などが代表的）と呼ばれるシステム開発企業が企業のITシステムを担っていましたが、より安くて、使いやすいSaaSへのシフトが急速に進んでいます。

投資家・本田圭佑のホームラン

お金の出し手は、VCだけではありません。事業会社やエンジェル投資家に資金を提供してもらう手もあります。大企業は潤沢な資金を有しており、その投資先を探しています。今後は、デジタル人材なくして成功なし。そうした人材を求めて、スタートアップとの関係を深める大企業が増えています。幕末時代に、黒船の脅威に対抗すべく、下士を登用し始めた各藩と似ています。

代表的なのが、SOMPOホールディングスです。ピーター・ティールが率いるパランティアに5億ドルを出資し、共同で日本法人も設立。最近は、AIベンチャーのアベジャの持分約22％を取得し、持株適用法会社にしました。今後は米国のように、スタートアップごと買収して、新規事業開拓や企業変革、人材獲得のドライバーとする大企業も増えてくるでしょう。

日本では、コーポレートベンチャーキャピタル（CVC）と呼ばれる事業会社のVCが他国より大きなウェイトを占めています。2019年のVCによる投資額のうち、3割が事業法人によるものです。

それに加えて、今後、期待されるのは個人によるエンジェル投資です。米国では、全体の投資に占めるエンジェル投資の割合が15％にも達しています。金額にして、なんと2・5兆円。日本の600倍のスケールです。投資家や起業で成功した起業家が、自らの資産とノウハウを次なる起業家たちに授けていく。一般の投資家も魅力的な投資対象として、スタートアップに投資する。そんな生態系が生まれているのです。

日本でもエンジェル投資という言葉が徐々に知られるようになり、芸能人、スポーツ選手などのセレブリティがエンジェル投資を行うケースも出てきました。米国では、すでにハリウッドとシリコンバレーの融合が進んでいます。ジャスティン・ビーバー、アストン・カッチャー、ジェシカ・アルバなど多くのセレブがスタートアップに投資しています。

日本の代表例が、サッカーの本田圭佑選手です。彼はスタートアップへの投資を通じて、貧困などの世界の課題を解決したいという強い意思を持っています。２０１８年には俳優のウィル・スミスとともに「ドリーマーズ・ファンド」を立ち上げ、Clubhouseなど40社を越えるスタートアップに投資しています。

彼が投資したクラウドファンディングの「マクアケ」は、上場して一時は１０００億円以上の時価総額をつけました。本田選手の運営するエンジェルファンドは最大で10％程度を保有していましたので、50億円を超える売却益を得たはずです。まさにホームランです。本田選手はエンジェル投資を通して、生困らない財産を手にしたのです。マクアケには市川海老蔵さんも投資しており、２０１９年9月時点で20万株（出資比率2％）を保有していました。他に、ロンドンブーツの田村淳さんもＢＡＳＥへの投資で成功しています（ＩＰＯ時に０・24％の株式を保有する大株主でした）。

こうした形で、スタートアップと芸能界が絡み合う流れは、日本でも加速していくでしょう。セレブ側からすると、自らの知名度を生かした新たな収益源となる。スタートアップ側からすると、自社サービスやプロダクトのプロモーション、ブランディングを手伝ってもらえる（ステマのような出来レースにならないように、セレブ側が本気でそのサービス・プロダクトに惚れていることが大事です。でないとユーザーの共感が得られません）。自らの影響力やブランドをＣＭでマネタイズするという「テレビ時代」のビジネスモデルから、株式を通じでマネタイズするという「スタートアップモデル」へと徐々にシフトしていくかもしれません。

ベンチャー企業へのリスクマネー供給のうちのエンジェル投資額の比率

	エンジェル投資額（億円）（A）	VC投資額（億円）（B）	エンジェル投資額の比率（A）／（A＋B）
日本	43	2,706	1.5%
米国	25,505	144,637	15.0%

優遇措置A

（ベンチャー企業への投資額 −2,000円）を、
その年の総所得金額から控除

※控除対象となる投資額の上限は、総所得金額×40%と800万円のいずれか低いほう

優遇措置B

ベンチャー企業への投資額全額を、
その年の他の株式譲渡益から控除

※控除対象となる投資額の上限なし

出所）みずほ情報総研

「本田さんはお金があるから投資できるんでしょう」と言われればその通りなのですが、一般の投資家でもエンジェル投資ができる環境が整ってきました。

エンジェル投資の優遇措置も充実してきています。優遇措置は2つのタイプがあります。「エンジェル投資の金額を総所得金額から控除する」、もしくは、「エンジェル投資の投資金額を他の株式譲渡益から控除する」のいずれかを選ぶ形です。

たとえば、総所得金額1000万円の人が、100万円をエンジェル投資したとしたら、約33万円（＝（100万円−2000円）×所得税率33%）を節税することができます。もし200万円の株式譲渡益が出た年に、同額の200万円をエンジェル投資に回せば、30万円（＝200万円×所得税15%）分を節税することができます。

このエンジェル税制がもう一歩進んで、米国のようにエンジェル投資の利益に課税されなくなると、エンジェル投資が一気に伸びるはずです。

私の知人でも、友人の会社に100万円を出資したところ、大成功して10億円に化けたという例があります。もちろん、スタートアップが成功する確率は高くないですので、「友人を応援するためにダメ元で余裕資金を投じる」くらいがいいですが、投資対象を吟味すれば、宝くじを買うより分のいい勝負となるかもしれません。

まずはお試し感覚でクラウドファンディングを通じて、10万円ぐらいの金額から始めることもできます。最近は、ファンディーノ、ヤャンプファイヤー・エンジェルスなどスタートアップとエンジェル投資家を繋ぐマッチングプラットフォームもできており、エンジェル投資の優遇対象となっている企業に投資をすることができます。


ここまでの話をまとめると、起業家が資金調達する手段が増えていますし、投資家がスタートアップに投資する手段も増えています。

今の日本に足りないのは、お金ではありません。足りないのは、将来性のある起業家です。もしあなたが、魅力的なプランを、魅力的なチームで、魅力的なタイミングで打ち出せるのであれば、投資をしてくれるエンジェルやVCを見つけ出すのはそんなに難しくはありません。起業は遠い世界ではなく、あなたにも手の届くものになってきているのです。

東京圏に限らず、今は全国各地の地方自治体でも、官民問わず、ピッチコンテストが多数行われています。全国版のM1グランプリのようなものです。起業した人はまず力試しに挑戦してみてはどうでしょうか。自分のビジネスプランは有望なのか、それとも穴だらけなのか。プロに見てもらうことで、自分の実力を知って、安易な失敗を避けることができるはずです。

誤解③起業に失敗すると借金地獄になる

グッドルーザーであれば、再就職もできる

親が事業に失敗して、借金だらけになって、サラ金の取り立てに追われて、家族が離散する。起業と聞くと、「黒革の手帖」に出てくるようなシーンを思い浮かべるかもしれません。しかし、それはあくまでドラマの世界です。イメージが古すぎます。

スタートアップの主たる資金調達方法は、エクイティ（株式）です。デット（負債）ではありません。事業に失敗したとしても、株の価値がゼロになるだけです。それによって、あなたや創業パートナーや投資家の出資金は泡と消えてしまいますが、借金を抱えて取り立てのヤクザに追い回されるようなことはまず起きません。エクイティ、つまりは他人のお金によって大勝負ができる時代になっているのです。

当然ながら、旨い話ばかりではありません。日本では、VCから出資を受ける際には、「株式買取請求権」が含まれるのが通例です（米国にはない日本特有の条項です）。これは、契約違反があった時や、期限内に上場ができなかった時などに、株式の買い戻しを求めるものです。会社側で買取できない場合、経営者が個人として買い戻しを迫られて、借金を背負わざるを得ないケースもあります。そうしたリスクを避けるためにも、「株式買取請求権」をできるだけ含めないようにするとともに、発動される可能性をできるだけ低くする交渉をすべきです。

エンジェル投資についても、人物の見極めが肝心です。事業が失敗して投資分の価値がゼロとなることも十分理解している人でないと、トラブルになりかねません。経営に図々しく介入してくる人も、避けたほうがいいでしょう。困っている時に相談に乗って精神的に支えてくれる人、事業にプラスとなるアイディアやリソースや人脈を提供してくれる人、株主になってもらうことが会社のブランドと信頼につながる人を、投資家に選ぶべきです。

借金地獄にならないとしても、倒産したら負け犬の烙印を押されて、もう再就職はできないのではないか。そう不安を抱く方も多いでしょう。

派手に失敗したのにもかかわらず、投資家や従業員や顧客に対して、不誠実な態度をとったり、人のせいにしたり、不正を働いたりした場合は、再就職に手こずるのも至極当然です。

しかしながら、事業に集中して取り組み、誠実にステークホルダーとも付き合い、その結果として失敗したならば再起はできます。グッドルーザーになれれば、「この人は失敗から学べる人なので、次回、起業するときにはまた応援しよう」と思ってもらえる可能性もあります。これからの時代は、たとえ失敗に終わったとしても、起業経験自体がプラスに評価されやすくなるでしょう。起業したからこそ得られる、当事者意識、経営者視点は、ビジネスパーソンとしての強みになるからです。

米国では、スタートアップを起業して、その後に買収されて大企業の経営陣として出世している人はたくさんいます。人材獲得のためにスタートアップを買収する、いわゆる、アクハイアー（企業のアクアイアー〈買収〉と人材のハイアー〈採用〉を組み合わせた造語）は米国では日常茶飯事です。

日本の大企業で社長や幹部になるのは、50代以降です。リクルートの次期社長に当時45歳の出木場久征さんが就くことが話題になりましたが、日本において40代社長は極めてレアです。子会社の社長になるのすら、30代ではなかなかハードルが高い（詳細は第3章に譲りますが、最近は、ＳＭＢＣクラウドサインの三嶋英城社長、日本ＩＢＭデジタルサービスの井上裕美社長、ＪＲ東日本の子会社であるTOUCH TO GOの阿久津智紀社長など、30代子会社社長が日本でもポツポツ生まれてきています）。

つまりは、スタートアップを経験した後に、買収や採用などの形で大企業に入り、生え抜きメンバーよりも早く出世していく。そんなキャリアも今後は生まれてくるはずです（生え抜きメンバーからの嫉妬は大きいかもしれませんが）。起業という形で、小さいながらも〃一国の主人〃として修羅場をくぐり抜けることにより、濃厚なリーダー経験を得られるのです。

起業が成功すれば、それは光り輝く勲章になりますし、たとえ失敗に終わっても、人生の貴重な財産になります。人生100年時代のキャリア設計において、「起業」は欠かせないピースになりつつあるのです。

誤解④起業家はエリートしかなれない

学歴は二の次。ストリートスマート系も多い

起業家のエリート化が進んでいるのは事実ですし、いい大学を卒業していると有利になる面はあります。

米国では、過去100万ドル以上の資金調達を行ったスタートアップCEOの出身大学を調べると、ハーバード、スタンフォードの東西の雄が飛び抜けており、その後にも、MIT、ペンシルバニア、コロンビア、UCバークレー、コーネルなどの名門校が続きます。とくにスタンフォード大学は、シリコンバレーの中にあるため、起業しやすい環境にあります。

米国におけるスタートアップ創業者の出身大学

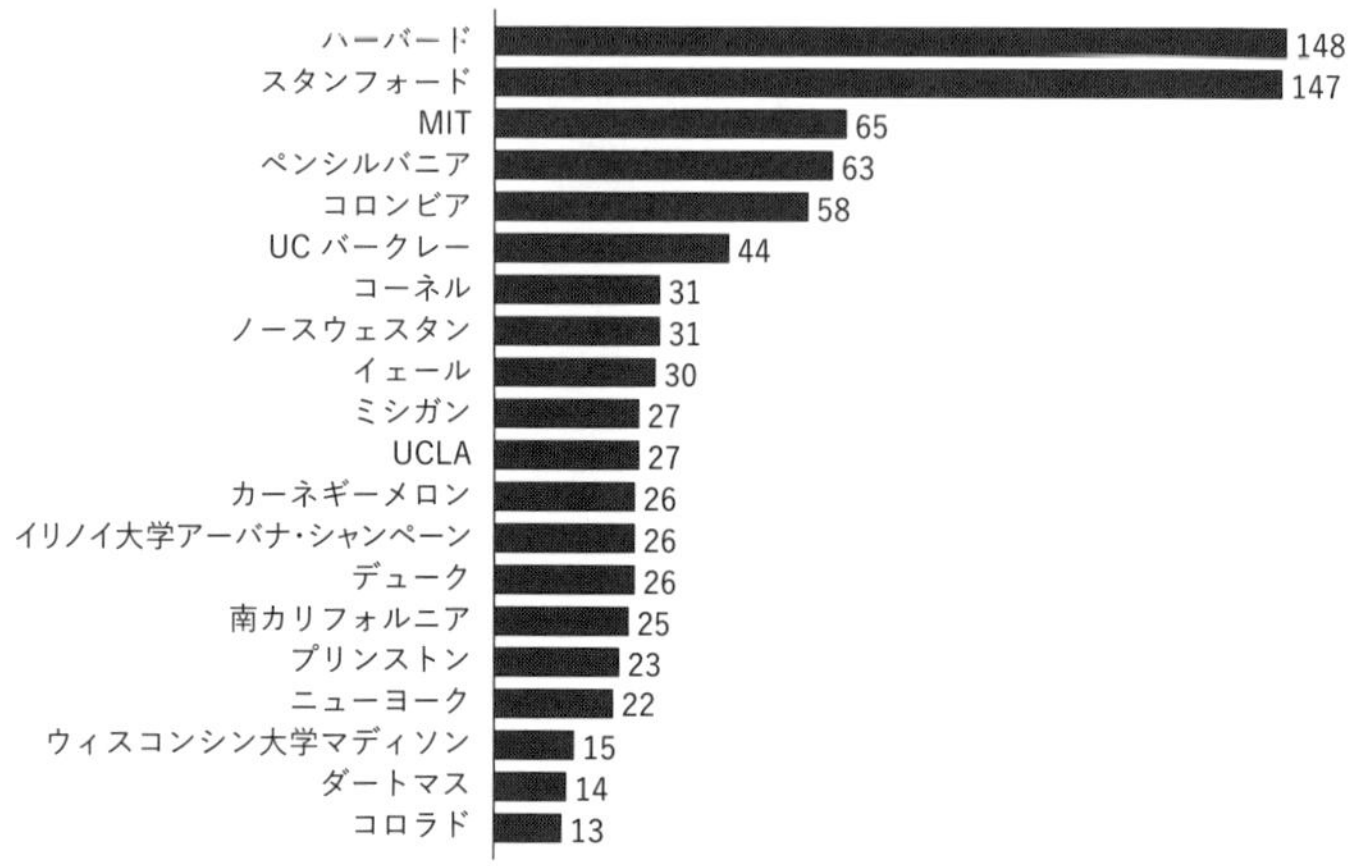

出所）Crunchbase

日本の場合、大学発スタートアップのランキングを見ると、東大が圧倒的な地位を築いています。2位以降も、京都大学、大阪大学、筑波大学、九州大学、東北大学と、サイエンスやテクノロジー分野に秀でた国立大学が名を連ねます。研究開発型、技術型のスタートアップを創るのであれば、大学との関わりがあったほうが有利です。

スタートアップ育成に特に熱心なのが東京大学です。東京大学エッジキャピタルパートナーズ（UTEC）は、東京大学と連携しながら、約550億円の資産を運用しており、バイオベンチャーのペプチドリームなどの企業を生み出しています。

ただし、スタートアップの世界が、

2014年度〜2018年度大学発スタートアップ 大学ランキング

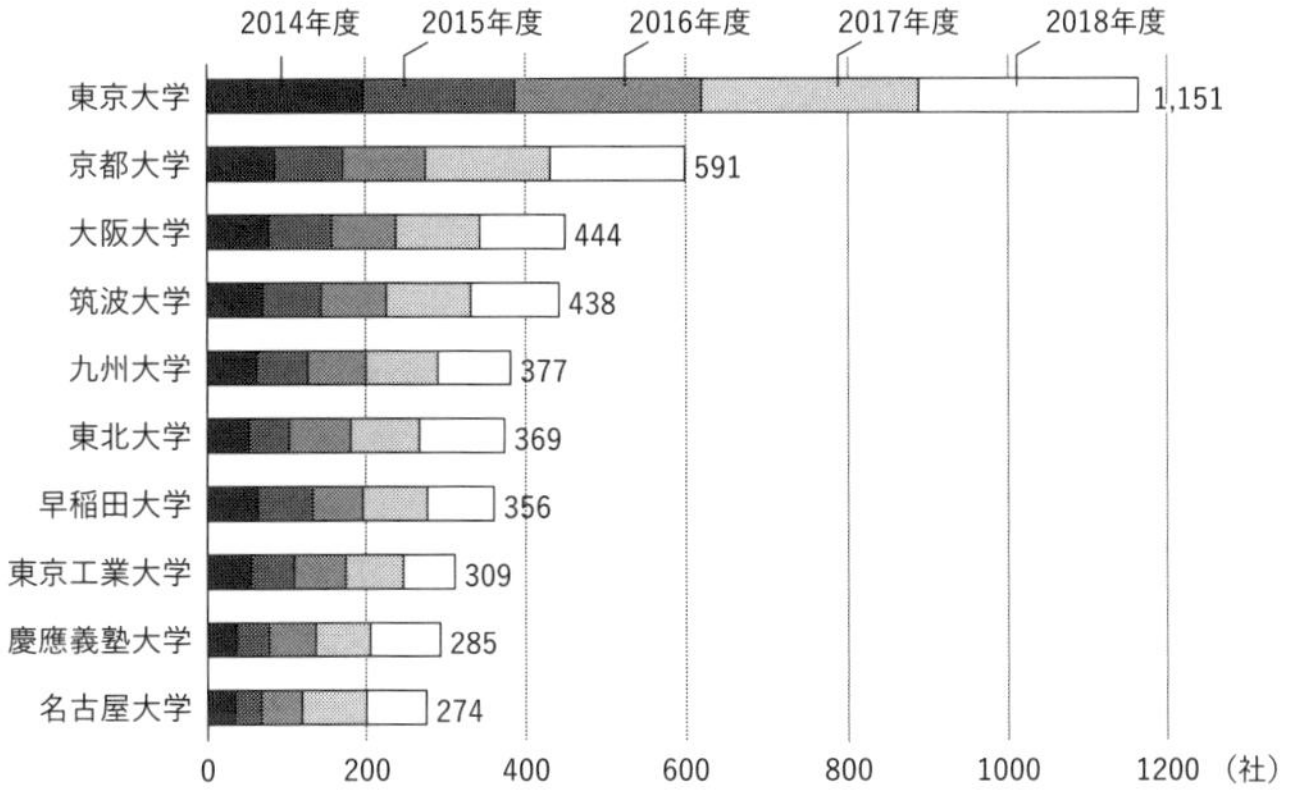

出所）経済産業省「平成28年度大学発ベンチャー実態等調査」
「平成30年度大学発ベンチャー実態等調査」よりINITIAL編集部作成

学歴エリートばかりに占拠されているわけではありません。日本はよく学歴社会と言われますが、アメリカなどに比べると学歴の重要性はむしろ低い。シリコンバレーには博士号取得者や、MBA保持者や、修士号を2分野で取得しているダブルマスターがゴロゴロいますが、日本ではそんな高学歴は求められません。日本は世界標準と比べると、〝非学歴社会〟なのです。

　スタートアップの世界は結果が全てです。第1章の日本の富豪ランキングを見ても、ピカピカの学歴の人は少数派で、高卒の起業家も少なくありません。若いスタートアップも、起業家のバックグラウンドは多様です。

日本における起業家の最終学歴

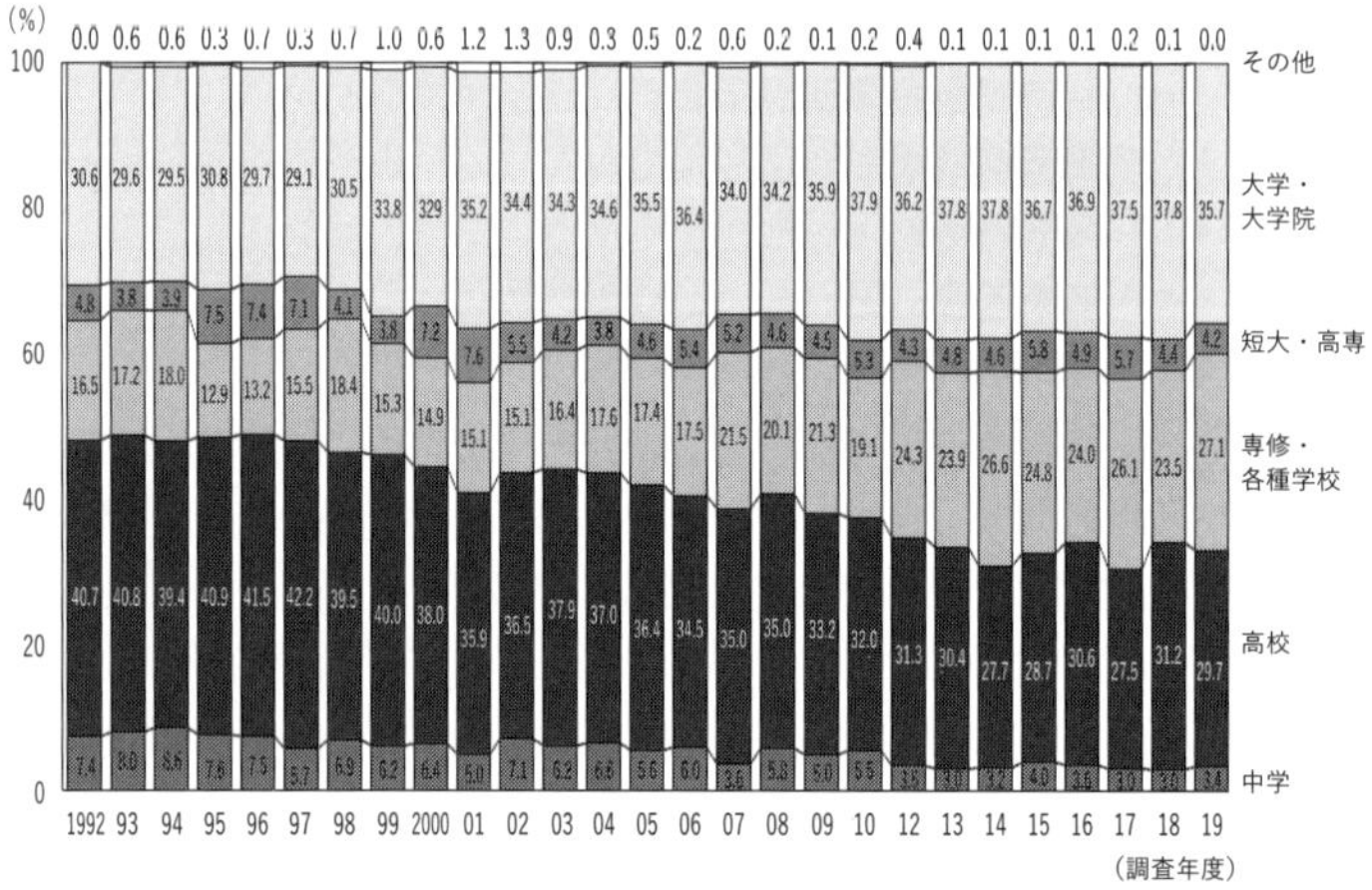

注1）1991年度の調査の選択肢には「短大」が含まれていないため、結果を掲載していない。また、2011年度調査では最終学歴を尋ねていない。
注2）1992年度の調査の選択肢には「その他」がない。また、1999～2002年度調査の「その他」には「海外の学校」が含まれる。

出所）日本政策金融公庫

２０２０年にもっとも話題になったスタートアップの一つ、Eコマースプラットフォーム「BASE」創業者の鶴岡裕太さんは、東京工科大学休学中に、クラウドファンディング「キャンプファイヤー」にインターンとして参画しています。その後、22歳の時に作ったのが、BASEです（大学は中退）。

鶴岡さんを支援して、BASEを共同創業したのが、キャンプファイヤー創業者の家入一真さんです。家入さんは、ペイパーボーイを29歳の時に最年少で上場させた連続起業家で、2014年には東京都知事選に出馬したことで有名になりました。家入さんは高校を中退しており、いわゆるエリートではありません。キャンプファイヤーもユニコーン（企業評価が1000億円を超す未上場企業）として注目されており、2021年には上場する予定です。ジャパニーズドリームは存在するのです。

スタートアップ業界には、高学歴のエリートもいれば、学歴はなくともストリートスマートで商才に溢れた人もいます。経歴は多様です。起業家全体で見ても、2020年に起業した人たちの最終学歴は大学・大学院卒が4割弱です。業種にもよりますが、起業の道はオープンに開かれています。

日本でも学歴がいいほど最初は有利でしょうが、起業家はとにかくビジョンと結果の世界です。時間が経って、実戦の成果が出てくれば、学歴など関係なくなります。学歴だけを理由に起業を諦める必要は全くないのです。

商社を去る20、30代社員が増加

もしあなたがエリートではなかったとしても、エリートが必要なのであれば、メンバーとして採用すればいいだけの話です。

「日本は今も大企業が圧倒的に強いし、学生の人気企業ランキングでも有名大企業がズラッと並んでいて、名もないスタートアップになど誰も来てくれない」——以前はそれが真実に近かったですが、最近は様相が変わってきています。

自らリスクをとって起業することには慎重でも、「自分が共感できるスタートアップがあれば参画したい」という人は確実に増えています。学生で起業したり、新卒でもないスタートアップに就職したりするのはリスクも高いですが、外資系企業や日本の大企業で腕を磨いた後に、スタートアップに参画するルートであればリスクは抑えられます。経験のあるビジネスパーソンが中途採用でスタートアップに参画し、活躍できるチャンスは広がってきているのです。

左図には東大の学部生の就職先ランキング20を示していますが、そのほぼ半数を占める総合商社やコンサルティング企業から、スタートアップへの転職を希望する人が増えています。有望なスタートアップ側が転職マッチングサービス（ビズリーチが有名）などを通じて人材募集をすると、商社、コンサルなどから多数の応募が集まります（スタートアップ企業を支援するタレントエージェンシーとしては、「for Startups」が存在感を高めています）。

そもそも、コンサルティング企業は長く働くことを前提で入社する場所ではありません。ビジネスの基礎を磨くトレーニングの場として選んでいる人も多いため、そこからスタートアップへ転職するのは、米国でもよく見られる典型的なキャリアパスです。

総合商社については、人気こそ高いものの、20代、30代で退職する若手社員が増えてきています。その背景には、転職自体が一般化したという世の中のトレンドもありますが、商社の仕事が以前より刺激的でなくなっているという面もあります（商社は配属に

東大の学部卒業者の就職先ランキング

順位	2010年	2020年
1	三菱東京UFJ銀行	三井住友銀行
2	三菱商事	三菱UFJ銀行
3	みずほフィナンシャルグループ	PwCコンサルティング
4	三井住友銀行	アクセンチュア
5	日本生命	東京海上日動火災
6	三井物産	NHK
7	電通	三菱商事
8	あずさ監査法人	三井物産
9	NTT東日本	楽天
10	新日本有限責任監査法人	デロイトトーマツコンサルティング
11	NHK	A.T. カーニー
12	住友商事	SMBC日興証券
13	東京海上日動火災	伊藤忠商事
14	三菱UFJ信託銀行	日本生命
15	楽天	住友商事
16	JR東日本	大和証券
17	第一生命	日本政策投資銀行
18	トヨタ自動車	博報堂
19	野村證券	富士フイルム
19	博報堂	マッキンゼー・アンド・カンパニー

□コンサル業界

出所）東京大学新聞社

よって仕事の中身が大きく変わるため、あくまで一般論としての話です）。

多くの商社では、石油、石炭、鉄鉱石など資源ビジネスが高いウェイトを占めていますが、資源投資の実務は、デスクワークを中心とした管理業務が大半です。実際に現地に行って、切った張った、をやるようなダイナミックな仕事はほとんどありません。資源投資は、一社で行うにはリスクが高いため、多数の会社による共同投資で行っています。ディールをリードするのは、基本的に石油メジャーなどの世界のビッグプレーヤーです。投資家の中で、日本の商社が占める存在感は必ずしも大きくありません。海外赴任をしても、商売相手は日本企業であったり、現地の日本村で過ごすことも多かったり、いわゆる商社マンのイメージとはずれがあります。

巨大組織の中で、大きな仕事の一部を担うため、社内決裁プロセスも長く、個人の裁量が小さい。チームプレー重視で、年功序列も依然強いため、個として輝きたい人にとってはフラストレーションが溜まりやすい。商売を丸ごと背負って、ゼロからイチを創る仕事よりも、既存の事業を組織の一員として確実に営む仕事がメインです。そうした仕事内容に魅力を感じずに、退職する若手社員は増えています。そうした環境に比べて、個人の裁量が大きいスタートアップは魅力的に映るのです。

ただし実際にスタートアップに転職すると、大企業とのギャップに戸惑い、適応に苦しむ人もよくいますので、向き不向きを慎重に見極めることをおすすめします。しかもポジションによって裁量は大きく異なりますので、創業の早い段階に幹部で入社するなどタイミングも大事です。スタートアップもいろいろですし、スタートアップの仕事もいろいろです（スタートアップの賢い見極め方については、第3章で詳しく述べています）。

今後は、大企業の中で出世していくルートの魅力は薄れて、「大企業で働くこと＝いつか起業するためのトレーニング」とみなす人も増えてくるのではないでしょうか。

誤解⑤起業家はチャラくて尊敬されない

起業家とはプロアスリート

日本では、起業家は尊敬されていない。それは、データからも明らかです。

２０１９年の「起業家精神に関する調査」（みずほ情報総研）の国際比較によると、「あなたの国では、新しくビジネスを始めて成功した人は高い地位と尊敬をもつようになる」という記述に賛成する成人人口の割合において、日本のスコアは62・6です。これは、中国の92・4、ドイツの80・7、米国の79・7、イギリスの76・7を大きく下回る、先進国で最低レベルの数字です。

どうしても日本の場合、「起業家＝成金」であり、高級外車を乗りまわして、芸能人と付き合って、散財していると思われがちです。ＺＯＺＯ創業者の前澤さんによるお金配りや、アート購入などが、そうしたイメージをさらに強めてしまいました。

しかし、そうした起業家はほんの一部です。多くの起業家は、寝る間も惜しんでサービスやプロダクトを磨き、仕事に打ち込んでいます。一寸先は闇なだけに、その緊張感とプレッシャーたるや、サラリーマンとは比較になりません。資金繰りの危機、従業員の退職、販売の不調、顧客からのクレームなどなど、数々のハードシングスが毎日のように襲いかかってくるのです。

近年は、起業家の中でも、禁酒する人が増えています。酒は、起業家の癒しであるとともに、身を滅ぼす毒でもあるからです。起業家の失敗には、酒が絡むケースがよくあります。起業家はどうしても孤独なので、ついつい酒の力に頼ってしまい、気づいたらアル中のようになってしまう。酒席でハメを外して、トラブルを起こしてしまう。酒の飲み過ぎで体調を壊して、仕事のパフォーマンスを落としてしまう。酒の怖さを知っているだけに、酒から離れる起業家が珍しくないのです。

真当な起業家は、お金持ちになるために起業するわけではありません。事業を通して成し遂げたい大義、大欲を持っています。自分のためでも、会社のためだけでもなく、社会のために善を成してこそ、中長期的な利益がもたらされることをよくわかっています。どう社会にポジティブなインパクトを与えられるかを、考えに考え抜いて行動しているのです。そんなキラキラしている起業家に会うと、皆さんが起業家に対して抱くイメージは大きく変わるはずです。

どんなスーパーな起業家も人間ですので、大金を得ると、やる気をなくしたり、全能感に浸ってしまって、経営上のミスをしてしまったりすることもあります。そこから復活していくパワーを持っている起業家こそが、本物の起業家なのです。

真摯な起業家は、ある意味、仙人のように自らの事業に没頭しています。起業家にとって、自分と会社、ワークとライフの境目はないも同然です。四六時中会社のことを考えるくらいでないと、起業家は激しい競争を勝ち抜くことはできません。とくに会社にとっての勝負どころや、トラブルなどの緊急事態の時は、休む間もなく働くことを強いられます。

ただし、「起業家になると、寝袋で寝るような生活をずっと続けなくてはいけない」というのは完全な誤解です。起業家こそ、肉体と精神のコンディションが命です。まさにプロアスリートと似ています（実際に、トライアスロンなどハードなスポーツや筋トレを好む起業家も多い）。多くの起業家たちが「起業家の心さえ折れなければ、スタートアップは生き続ける」と声をそろえるように、会社の中心たる創業者が、心身のベストコンディションを保つことが第一なのです。

前出の家入さんは起業家に対するメンタルケアの必要性を説いています。仕事で苦難に直面する起業家に、プライベートでの大きなストレスが重なってしまい、心が折れてしまう。そんな例を目の当たりにしてきたからです。

かつてのスタートアップはモーレツスタイル一色でしたが、最近は、随分と成熟してきました。定められた時間に集中力を研ぎ澄まして、生産性の高い働き方を心がけるスタートアップも増えています。そうでないと、ライバルとの長期戦に勝てませんし、そもそも優秀な人材を採用することもできません。スタートアップでも、働き方改革が進んできているのです。

以前に比べると、女性が起業したり、スタートアップで働いたりするハードルは下がってきています。今なおスタートアップ業界は男子校と揶揄されるような男社会ですが

（シリコンバレーも似た問題を抱えています）、女性の起業家やスタートアップ社員も徐々に増加していますし、今後はその傾向に拍車がかかるはずです。

その潮流の背景にあるのは、ＳＤＧｓに代表されるソーシャルビジネスの興隆です。ＳＤＧｓ分野のピッチコンテストに参加すると、女性の起業家が目立ちます。テクノロジー分野では男性が大半を占めるのとは対照的です。単にお金をもうけるのではなく、どう社会に貢献する企業を作るか――そうした意識がスタートアップでもこれまで以上に求められるようになっています。

起業家・スタートアップは、ポストコロナの新しい働き方の導入に柔軟です。スタートアップがより社会に不可欠な存在になるためにも、自ら率先して、より多様で生産性の高い働き方を追求していくのではないでしょうか。

第3章　起業型キャリアの5つのタイプ

第2章までに、なぜ今は起業家の時代であって、あなたも起業家になることを人生の選択肢に入れるべきかを説明してきました。

では、具体的に起業家になるにはどんなコースがあるのでしょうか？　この章では、起業型キャリアを5つのタイプに分けて紹介していきましょう。

①成長志向スタートアップ型
②プロフェッショナル独立型
③スモール＆ミディアムビジネス型
④スタートアップ幹部型
⑤大企業イントレプレナー型

あなたのタイプを判定するために、最初に次の質問に答えてください。

Q１　アントレプレナーかイントレプレナーか。自ら会社を立ち上げたいか、組織の中で企業家になりたいか。

Q２　急激な成長を目指したいか？　株式上場を目標にしたいか？

Q３　個人で働くか？　組織で働くか？

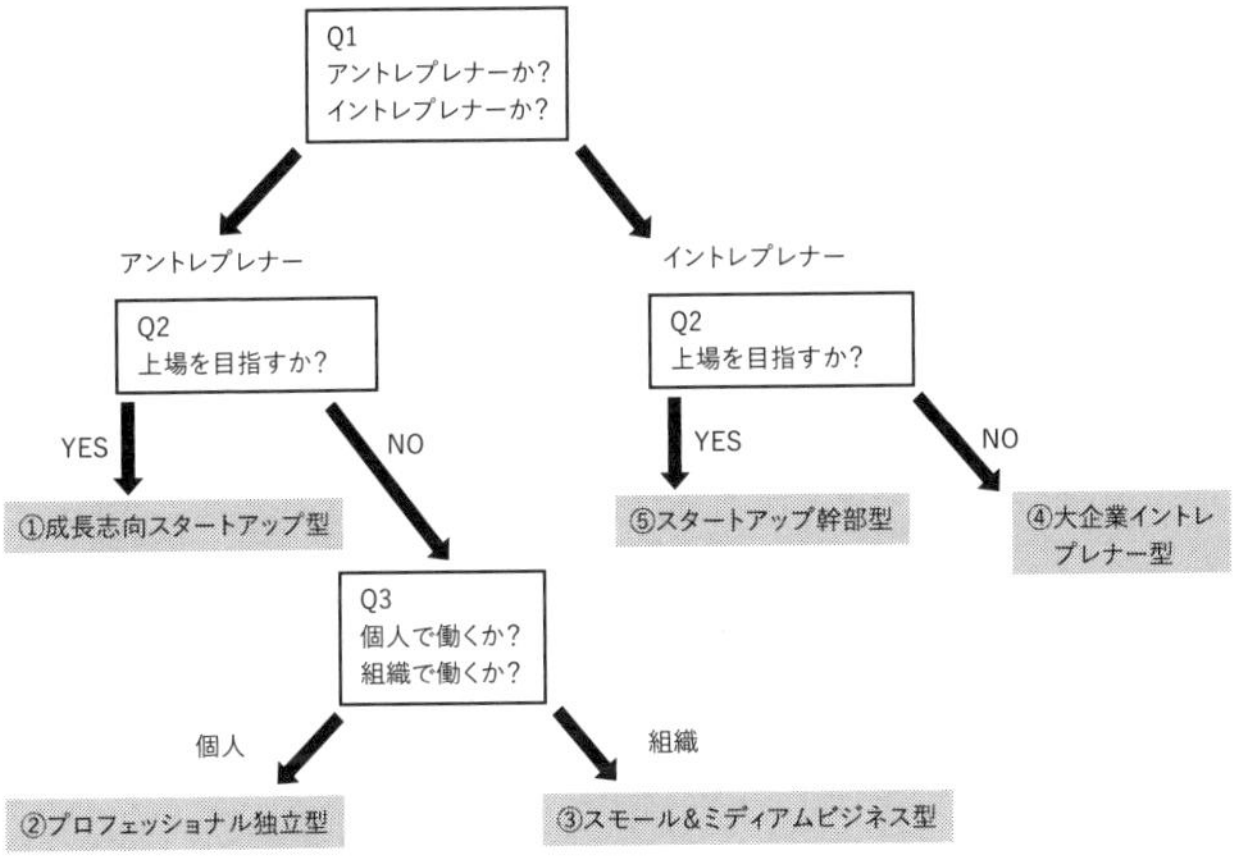

この3つの問いに答えれば、5つに分類できます。

まずQ1の答えが「アントレプレナー」で、Q2が「上場を目指す」の人は、「**成長志向スタートアップ**」です。いわゆる、起業家のイメージにもっとも近いタイプです。自らの会社を急激に成長させるためにも、組織を作って、上場を目指すルートです。

Q1が「アントレプレナー」で、Q2は「上場を目指さない」の人は、個人で働くか、組織で働くかによって答えが変わります。Q3が「個人」である人は、「**プロフェッショナル独立**」として仕事のプロとして生きる道が合っています。事務所などを作るとしても、数名くらいの人数で規模はいたずらに追わない形です。

Ｑ３の回答が「組織」である人は、「**スモール＆ミディアムビジネス**」がフィットします。数人から数百人規模の会社を創って、安定的に稼げるモデル、急成長は目指さないまでも、安定的に成長させるモデルがいいでしょう。この場合、株式上場は目指しません。

イントレプレナーを目指す人は、Ｑ２の回答によって道が変わります。

急成長かつ株式上場を目指す人は、未上場のスタートアップに入るのがベストですので、「**スタートアップ幹部**」になります。できれば幹部メンバーとして、幹部でなければ初期メンバーとして入る形式です。スタートアップも発展段階により、求められる能力が異なります。カオスの中で、ゼロからイチを創る醍醐味を味わえるのは、創業から３年以内くらいでしょう。創業期に近い方が、ストックオプションも多くもらえる可能性が高いため、金銭的なインセンティブも高まります。

大組織の中で大きなインパクトを出すことを重視する人は、「**大企業イントレプレナー型**」です。ただし、大企業内での新規事業や子会社の経営となるため、株式上場を実現できる可能性は高くないでしょう。そもそも新規事業の場合、上場という選択肢はほとんどありません。それに加えて、日本に例が多い親子上場（親会社と子会社がともに上場する）という形は、株主（特に子会社の株主）の利益を損なう恐れがあるということで、下火になってきています。サイバーエージェントの子会社として上場した、クラウドファンディングのマクアケなどの例はありますが、あまり主流とはならないでしょう。

有望なのは、大企業からカーブアウト（スタートアップとして分離独立）して、ゆくゆくは親会社の連結対象からも外れる形です。例えば、エムスリーは、ソネットの子会社として設立された後に上場を果たして、子会社から外れました（現在は、ソニーが34％の株式を保有）。エムスリーのようになれると、大企業イントレプレナーとして、成長志向スタートアップを超える社会インパクトや報酬を得られます。

まずは自分が5つのタイプのどれに当てはまるか、どれを目指したいのかをじっくり考えてみてください。意志も大事ですが、他人の意見などを通して、「どのタイプが向いているか」も冷静に見つめてみるといいでしょう。好きなことと、向いていることは往々にして一致しませんので。

タイプ①成長志向スタートアップ

ホリエモンはなぜスモールIPOに批判的なのか

成長志向スタートアップとは、ザ・スタートアップの創業です。単純化していうと、社会を変えるようなスタートアップを、VCからお金を調達して創って、ユニコーンを目指していくモデルです。

ただし、スタートアップにもいろんなパターンがあります。スタートアップと上場を目指すことはイコールではありません。成長志向スタートアップの中でも、上場志向型と未上場志向型に分かれます。スタートアップのイグジット方法は、他社への買収などバイアウトするケースもあります。成長を目指してVCから調達を行うかどうかは、その後の運命を分けます。

日本では「上場ゴール」という言葉もあるように、上場が手段ではなく、目的になってしまうケースが多々あります。そして、企業を売却する形でのエグジットが米国ほど多くありません（米国の9割以上に対して、日本は3、4割程度)。日本は世界屈指の「上場しやすいマーケット」のため、数億円ほどの売上高しかない企業が、スモールIPOできてしまいます。VCから出資を受けている以上、投資に報いないといけないため、投資家側も起業家側もいたずらにIPOを急いでしまうのです。

「日本がIPOしやすいなら、早めにIPOしてしまうのもいいのでは？」と思うかもしれませんが、そうとも単純には言えません。スモールIPOでは、そもそも調達資金が少なく、上場準備や維持コストを踏まえると、経済的に間尺に合わないことも多いのです。それに加えて、経営が近視眼的になりがちです。個人投資家の比率が高いマザーズ市場が典型ですが、日本の株式市場における「利益を出せ！」というプレッシャーは並々ならぬものがあるのです。

スモールIPOに批判的な堀江貴文さんは、その理由をこう述べています。

「まず上場すると、すごく短期利益を求められます。あの圧力に抗うには、鉄のハートが必要ですよ。上場企業経営の経験者として言うと。みんなに『ハートが強いよね』と言われている僕でさえ、プレッシャーでしたから。

だって僕、初めての株主総会は赤字でしたからね。東証マザーズで値がつかなかった日が2日だけあったんです。そんなの、超恥ずかしいじゃないですか。

2000年4月に上場したんですけど、そこからネットバブルが崩壊して、1〜2年は商いも少なかったし、時価総額もどんどん下がっていくし、初年度は赤字でした。先を見越して過剰投資した分が、ネットバブルがはじけて赤字になったわけですけど。それで1株600万円だったのが150万円ぐらいに下がってしまった。株主総会には、そうやって大損した人たちがやってくる。しかも何十人しか来てないから、一人ひとりの顔が見えますからね。もう針のむしろ。債権者集会みたいな感じです[注22]」

堀江さんの言う「鉄のハート」を持っている人は、本当にわずかです。近年の起業家でいうと、メルカリ創業者の山田さんは、上場後もアメリカ事業やメルペイなどに多額の投資を行い、赤字決算を貫きました（2021年に黒字化）。ただし、上場により莫大な創業者利益を得た後も、大きなビジョンを持ち続けて、株主プレッシャーに安易に屈しないハートを持っている人はなかなかいません。

上場を目指すメリット

もちろん、以前に比べて、「利益のみ」に拘泥する発想は弱まっています。SaaS型ビジネスのように、ARRと言われる毎年の継続的な売上高が伸びていて、将来の黒字化が見えていれば、短期的に赤字でも株式市場に評価されます。クラウド会計ソフトのfreeeやマネーフォワードが好例です。また、海外の機関投資家が日本のスタートアップ（未上場企業を含む）に投資し始めたこともあり、目先の赤字に一喜一憂する傾向も弱まっています。

これから日本の株式市場も投資家も徐々に成熟してくるでしょうが、上場を目指す人たちは「上場後に本当の修羅場が訪れる」ことを覚悟しておくべきです。

かく言う私自身も、上場を選択肢に入れるか入れないかで、3カ月くらい悩みました。古巣のNewsPicksの親会社であるユーザベースも、2016年10月に上場したこともあり、「上場前」と「上場後」の変化を肌で感じていたからです。

上場することで、社内制度やガバナンスが整備されたり、ブランド・信頼の向上により採用力や営業力が高まったり、海外を含む公募増資により資金調達手段が多様化したり、いろんなメリットがあります。その一方で、大企業のような制度を整えすぎたり、安定志向の社員を採用しすぎたり、株主の期待に応えるため利益目標を高くしすぎたりすると、斬新な挑戦やスタートアップらしい文化が失われてしまいます。その塩梅が実に難しいのです。

私自身の話に戻すと、当初は未上場で行くつもりでした。コンテンツ・メディアという事業の特性上、あまり上場と相性がよくないと考えたこと（国内外でメディアの上場企業はさほど多くありません）、コンテンツは長い目で投資する必要があるため、短期的に利益を出す志向と合いにくいこと、などが理由です。しかし、じっくり自分と向き合っていくと、これは単なる逃げなのではないかとも感じました。

コンテンツ・メディア企業は未上場の方が発展するのか？　むしろ、株式市場などマーケットと向き合わないことによって、日本のコンテンツ・メディア企業は三流の経営になってしまい、堕落《だらく》したのではないか。株式市場や債券市場をうまく活かしたからこそネットフリックスはここまで発展したのではないか？　米国ではベンチャーマネーを貪欲に取り込むニューメディアがたくさんあるのに、日本ではなぜないのか？　BTSを擁するHYBE、「愛の不時着」を製作するスタジオドラゴン、J・Y・パーク率いるJYPエンターテインメントなど、韓国ではエンタメ・コンテンツ領域で続々とスタートアップが上場して、世界進出を果たしているのに、最初から未上場でやろうとするのは、リングの上にすら上がらない、情けないことではないか？　そう感じたのです。

むしろスタートアップマネーをうまくいかすことにより、コンテンツとファイナンスを繋ぐ道を日本で創りたい。世界ではお金がジャブジャブなのに、日本のコンテンツ業界はお金がカツカツ――このギャップに楔《くさび》を打つことに、新会社の意義があるのではないかと考えたのです。

もう一つの上場を目指すメリットは、ストックオプションを使えることです。もし上場できれば、多くのパートナーやクリエーターに対して、金銭的なメリットを提供することができます。それが、新時代のクリエータードリームにつながるのではないかと考えました。

今のコンテンツ・メディア業界は悲しいほどに夢がありません。大手のテレビ局や新聞社や出版社に入れば、世間より高い報酬を得て、コンテンツ作りができますが、そこにワクワク感はありません。そんな昭和モデルとは異なる、令和時代のワクワクモデルを創ること。そのためにも、ストックオプションや株式市場をうまく生かそうと考えたのです（ストックオプションの活用法については、第4章をご覧ください）。

こんなふうに、私自身も「上場すべきかどうか」と自問自答することにより、自分の心を見つめ直すことができました。今、起業を考えている皆さんも、この問いとじっくり向き合ってみてください。

最初から世界を目指すのか？

成長志向スタートアップにとって、もう一つの重要な問いは、「世界を目指すのかどうか？　目指すとしたら、いつの時期から目指すのか」です。「成長を目指すなら、世界に打って出るのは当然だろう」と思うかもしれませんが、そこに落とし穴があります。「世界」という言葉はマジックワードで、かっこよく聞こえるだけに、冷静に考える必要があるのです。

ボーン・グローバル起業という言葉もあるように、創業と同時か早期に、グローバル展開することを前提としたスタートアップも増えています。特にテクノロジー系の企業は最初から世界を舞台にするかどうかで攻め方が変わります。日本は国内市場が縮小していく可能性が高いだけに、世界を無視できなくなっているのです。

しかしながら、スタートアップというリソースが何もない企業が、いきなり世界を攻めると、コテンパンに叩きのめされる恐れがあります。世界には日本の何倍、何十倍もの数のライバルがいますし、米中を筆頭に資金力も桁違いです。サッカーにたとえるならば、日本のJリーグですら活躍できないプレーヤーが、いきなりチャンピオンズリーグに出場するチームと戦っても、ボロ負けするのは目に見えています（試合すら組んでもらえないでしょう）。

それが故に、最初から世界を視野に入れるのであれば、競争相手の少ないグローバルニッチを狙ったり、特定地域を攻めたり、圧倒的な技術力などの武器をもったり、強力なパートナーを獲得したりしないと勝ち目はありません。

「世界のメガベンチャー」を目指して奮闘している企業としては、テラドローン、テラモーターズがあります。創業者の徳重徹さんは、明治の志士みたいな人です。テラモーターズは、EV車（電動二輪・三輪）の開発・製造・販売・アフターサービスまでの全工程を手がけており、年間販売台数は約3万台。インドでは、「Eリキシャ」と呼ばれる電動三輪車においてシェア№1を獲得しています。産業用ドローンソリューションを手がけるテラドローンも既に20億円を超える売上高を記録しています。

ほかに製造業分野で注目を浴びているのが、「CADDi（キャディ）」です。同社は、特注品と発注者を結ぶ、製造業向けの受発注プラットフォームを運営しています。2021年8月には、国内外の有名ベンチャーキャピタルを引受先として、80億円もの資金を調達したことが話題になりました。同社の創業者である加藤勇志郎さんは、東大在学中に起業を経験した後、マッキンゼー・アンド・カンパニーでは最年少でマネージャーに就任。2017年11月にキャディを立ち上げて、急成長を続けています。「グローバルで1兆円規模」を目標として、すでにグローバル展開へ向けて準備をしている状況です。

すでにインド、スリランカ、ミャンマー、カンボジアなど世界を舞台にしているのが、五常・アンド・カンパニーです。「民間版の世界銀行」を目指して、途上国の低所得層に少額のお金を融資するマイクロファイナンスを手がけており、顧客数はすでに73万人を突破（顧客の99％が女性）。5000人の従業員を擁するネクストユニコーン企業です。2014年7月に同社を創業した慎泰俊さんは、モダンな仙人のような人です。社名の五常は、二宮尊徳が唱えた五常、「仁義礼智信」から来ています。ストイックにブラジル柔術やトライアスロンに打ち込み、古今東西の古典を読み込み、子供の貧困など社会問題に取り組み、自らは質素倹約に徹する。世界中を飛び回る「現代版の二宮尊徳」です。

そのほかには、「途上国から世界に通用するブランドをつくる。」を掲げるマザーハウスがあります。バングラデシュ、スリランカ、ネパール、インド、インドネシア、ミャンマーを生産拠点として、バッグ、衣服、ストール、ジュエリーを生産して販売しています。

クイッパーは、ロンドンで創業し、現在はスタディサプリ傘下で学習コンテンツを世界で配信しています。インドネシアではクイッパーキャンパスと呼ばれる大学進学情報サイトを展開中です。世界は広いですので、世界を視野に入れるにしても、どこの地域を狙うかを明確にしないと、兵站が伸びてしまいます。

人材確保のために世界に出るパターンもあります、観光系のＡＩサービスを展開しているビースポークは15を超える国籍のメンバーが集まっています。日本人は創業者の綱川明美さん含めて数人です。日本に住みたい、日本に興味があるという優秀なエンジニアをうまく雇用しているのです。グローバル化と一口に言っても、販売地としてか、生産地としてか、採用のためか、その全てのためかなど、いろんな形があり得ますので、戦略の解像度を研ぎ澄ました方がいいでしょう。

最初から世界を目指すのではなく、日本で橋頭堡《きょうとうほ》を固めてから、そのノウハウやモデルを海外へと応用していくモデルもあります。

お手本は、ベンチャーの星であるエムスリーです。２０００年にスタートした同社は、日本で医師の９割が使うプラットフォームとして地位を確立します。その後、２００５年には韓国、２００６年には米国へと進出し、さらに２０１３年に中国市場にも足を踏み入れています。

エムスリーが巧みだったのは、一から自分で事業を創るのではなく、現地の有力なパートナーを買収するというM&A戦略をとったことです。これが大当たりします。日本の成功モデルを現地パートナーとともに現地化させたのです。2020年度には、売上高1691億円のうち、海外の売上高が4分の1を占めるまでになっています。

スタートアップというと、世界を狙った方がもちろんかっこいいですが、手触り感なく、憧れで世界を目指すのは危険です。

その意味で潔いのがサイバーエージェントです。海外にほとんど見向きもせず、とにかく日本に集中しています。同社の売上高はほぼ全てが日本ですが、順調な成長を続けています。広告から始まり、ゲーム、ネットメディア、そして、映像のABEMAへと横軸に広げて、時価総額は1兆円を突破しました。日本は衰退トレンドとはいえ、世界第3位の市場がありますので、まずはそこでナンバーワンになることに集中するのも、スタートアップとして大いにありです。

特にコロナショックによって、今後、少なくとも数年、長ければ5年以上にわたって、内需重視の時代が続くでしょう。ゆくゆくは世界を狙うスタートアップであっても、当面はホームマーケットの日本で橋頭堡を築き、力を蓄えてから世界に打って出るのも一案です。日本はデジタル化がとんでもなく遅れているだけに、今後はDXの需要が膨れ上がります。遅れていることは、ビジネスチャンスにもなるのです。

タイプ②プロフェッショナル独立

あらゆる職種がプロ型になる

プロフェッショナル独立型とは、いわば、仕事のプロファームです。個人や少人数で、プロにしかできないサービスを提供していくモデルです。

クリエイティブ系の仕事がわかりやすいかもしれません。ユニクロや楽天などのデザインで有名な佐藤可士和さんは、あれほど有名でも、代表を務めるサムライの社員数は10名程度です。少数精鋭のプロを集めて、多様なプロジェクトを回していくブティックモデルをとっています。アーティストのアトリエモデルとも言えます。

建築家も似ています。企業として大きくしていくというより、数十人の母体が一般的です。隈研吾さんのようにパリにも事務所を置いて、100人以上の規模になっている事務所は稀です。ほかにも、ブティック型のコンサルティング、弁護士、会計事務所、弁理士、行政書士などの資格系プロフェッショナル、デザイナー、コピーライター、コンテンツクリエーター、メディアなどのクリエイティブ型企業も少数精鋭型です。

こうした一部の職種に限られていた「プロフェッショナル独立型」が、今後は、あらゆる職種へと広がっていくでしょう。

近年、ジョブ型雇用という言葉が流行っていますが、一言で言えば、「何らかのジョブ（専門）のプロとして生きていく」ということです。ジョブ型の人事制度の会社では、マーケター、プロダクトマネージャー、広報マネージャーといった職種ごとに、業務内容や仕事に求められるスキルや経験が定義されます。そのジョブディスクリプション（職務記述書）に応じて報酬水準が定められて、採用や社内の配置・異動などが行われます。

外資系では当たり前でしたが、昨今、日本企業でも導入が進んでいます。日立製作所では、日本を含む世界中の約30万人の従業員に対して、ジョブ型の人事制度を採用しています。これからは日本企業でも、新卒の時から「自分はどのジョブからキャリアを始めて、どうスキルや経験を高めて価値を上げていくか」というプランが求められます。企業の中で、プロとして技を磨いていけば、その実績とスキルを生かして、企業を渡り歩くこともできますし、プロフェッショナルとして独立することもできます。

独立前に副業で力を試す

最近、人事のプロとして独立したのが安田雅彦さんです。30年間、人事を軸にキャリアを積み重ねてきた人事のプロ中のプロです。新卒では西友に入り、荻窪の店舗勤務を経て、本社人事部に異動。採用教育訓練などを担当した後に、子会社に人事担当として出向し、１６０名の社員を労働解除する（いわゆる、リストラ）という修羅場を経験します。その後、「人事のプロ」になることを決意し、グッチ、ジョンソン＆ジョンソン、アストラゼネカ、ラッシュジャパンで人事責任者を歴任し、２０２１年に独立していま す。安田さんのキャリアには「人事」という柱があります。そのため、スーパーから、ラグジュアリーブランド、ヘルスケア、コスメティックまで、業界の垣根を越えて、プロとして活躍できているのです。

マーケターも独立しやすい分野です。特にプロマーケターの梁山泊であるＰ＆Ｇでのキャリアを経て、独立する人が目立ちます。

Ｐ＆Ｇで「パンパース」「パンテーン」「プリングルズ」「ヴィダルサスーン」などを担当した西口一希さんは、ロート製薬、ロクシタン、スマートニュースを経て、現在は自らのコンサルティング会社Strategy Partnersと、戦略調査を主務とするM-Forceの2社を経営しています。Ｐ＆Ｇで「パンパース」「パンテーン」を担当した山代真啓さんは、メルペイのマーケティング・グロース責任者を経て、GrowthCampを設立。スタートアップ企業を対象にした、プロダクト改善やマーケティング施策などのグロース支援を行っています。

会計・ファイナンス分野も専門性が高く、プロとして比較的独立しやすい分野です。江戸川泰路さんは、会計士として太田昭和監査法人（現 ＥＹ新日本有限責任監査法人）でパートナーを務めた後にEDiXを創業。スタートアップ、大学・研究機関、ベンチャーキャピタル、大手企業、地方自治体を中心に、会計・資金調達・内部管理などのコンサルティングを行っています（私の会社も江戸川さんからアドバイスをもらっています）。

今後、会社のトップに立つようなリーダー候補は、経営のプロとして腕を磨くために、さまざまな職種や業務を経験して、スーパージェネラリストとして成長していくはずです。一方、リーダー候補でもなく、何となく仕事をたらい回しにされていく中途半端な総合職は、キャリア設計が苦しくなってきます。新卒採用でも、何を担当するかわからない「総合職」ではなく、特定の職種に就くことが一般的になるでしょう。

こうして「プロ」を強調しすぎると、「プロフェッショナル独立型」は一部の突出した人だけに可能なキャリアに聞こえるかもしれませんが、そんなことはありません。プロの道は甘くはありませんが、誰にでも自分に合った道があります。特に、出産・子育てなどライフスタイルに合わせて、働き方を変えたい女性にとって、プロフェッショナル独立型はおすすめです。

私ごとで恐縮ですが、私の姉は、専業主婦生活を経て、今はキャリアコンサルタントとしての道を歩み始めています。大学卒業後に、ルイヴィトンジャパンに入社し、福岡、高知、東京で人材育成や店舗管理などを担当。不妊治療のために退職した後、専業主婦を経て、アロマ教室を始めたり、子育て支援団体を始めたり、フリーランスでキャリア支援をしたり、試行錯誤を経て、現在はキャリアコンサルタントの国家資格をとって、プロのキャリアコンサルタントとして活動を始めています。

主業として個人事業主になるには修業が必要です。いきなり独立するのは不安でしょうから、一定期間は副業でやっていくという手もあります。大企業で安定した給与を得ながら、副業で新たな能力を開拓してみるのがいいかもしれません。

まずはスキルシェアサービスに登録して腕試しするのもいいでしょう。スキルシェアとは、自分の時間や技能を、副業などの形で提供することを指します。

プロフェッショナルのスキルシェアを手がけるサーキュレーション（２０２１年に上場）には、新規事業開発、営業、マーケティング、デザイン、エンジニアリング、人事、経理など各分野のプロが１・７万人以上登録しています。米国の場合、フリーランス人口が５７００万人（労働人口の約35％）に達するなど、独立したプロが、様々な企業にサービスを提供しています。日本でも、プロ人材活用経済規模は９４００億円と推測されるなど（サーキュレーション調べ）、右肩上がりで伸びていますので、プロとしての腕が確かであれば、安定的に仕事を受注できるはずです。

タイプ③スモール＆ミディアムビジネス（ＳＭＢ）

「事業継承×ローカル」が狙い目

スモール＆ミディアムビジネス（ＳＭＢ）とは、日本で言うところの中小企業にあたります（中小企業と言うと、古色蒼然としたイメージを持たれるため、あえて英語にしました）。一般的に、米国では社員500人以下、日本では社員300人以下の企業を指します。基本的に上場は目指さずに、急激な成長よりも、一定の規模での安定した成長を狙います。

日本でスモールビジネスというと、真っ先に思い浮かぶのが飲食店です。日本の2019年における業種別の開業率と廃業率を見ると、宿泊業・飲食サービス業がトップです。開業しやすいけれども、競争が激しくて淘汰されやすい多産多死の構造にあります。ただ、開業率の3位に「情報通信業」が入っているように、テクノロジー系のSMBも増えてきています。

SMB分野において企業家として活躍するチャンスはさまざまですが、今後の注目テーマは「事業承継」と「ローカル」と「ソーシャル」です。

SMBの事業承継者不足は、大きな社会問題になっています。P143の図は企業の休廃業・解散件数を記したものですが、コロナが直撃した2020年には過去最高の5万件弱に達しています。

廃業率上昇に拍車をかけているのが、経営者の高齢化です。すでに全国の社長の平均年齢は60歳を超えており、休廃業・解散を選択した企業の約6割は、社長が70代以上の会社です。地域別に見ると、沖縄、北海道、中国地方の後継者不足が目立っており、ローカル経済において、後継者不足が深刻です。

「利益は出ているので、事業を引き継いでくれる人さえいれば、本当は会社を畳みたくない……」。そんな悩みを抱える経営者が、事業を譲渡する例も増えています。

マッチング支援の専門機関として、全国に設置されている事業引継ぎ支援センターへの相談数は年間1万件以上にのぼり、成約件数も1000を超えています。SMBを対象にM&Aを仲介する日本M&Aセンターの新規譲渡案件は2020年度に1131件に達しました。同社の業績は絶好調で、時価総額は1兆円を超えています。SMB向けのM&Aは、それほどのビッグビジネスになっているのです。

サーチファンドで若くして経営者になる

SMBの経営者候補が不足しているということは、裏返すと、経営者のニーズが極めて高いということです。経営者、起業家を目指す人にとっては、若くして経営者になれるまたとないチャンスです。

最近では、「ベンチャー型事業承継」という言葉も出てきています。

これは、若手の後継者が、先代の経営資源と、最先端のテクノロジーや異分野の知見を組み合わせて、新たな事業や業態や市場に挑戦することを指します。2018年には、一般社団法人「ベンチャー型事業承継」が発足し、「アトツギベンチャーを日本のカルチャーにする」をミッションに、若手のアトツギを支援しています。2021年2月には、34歳以下のアトツギが新規事業プランを競う「アトツギ甲子園」が開催され、キャ

業種別の開廃業率

①開業率　　①廃業率

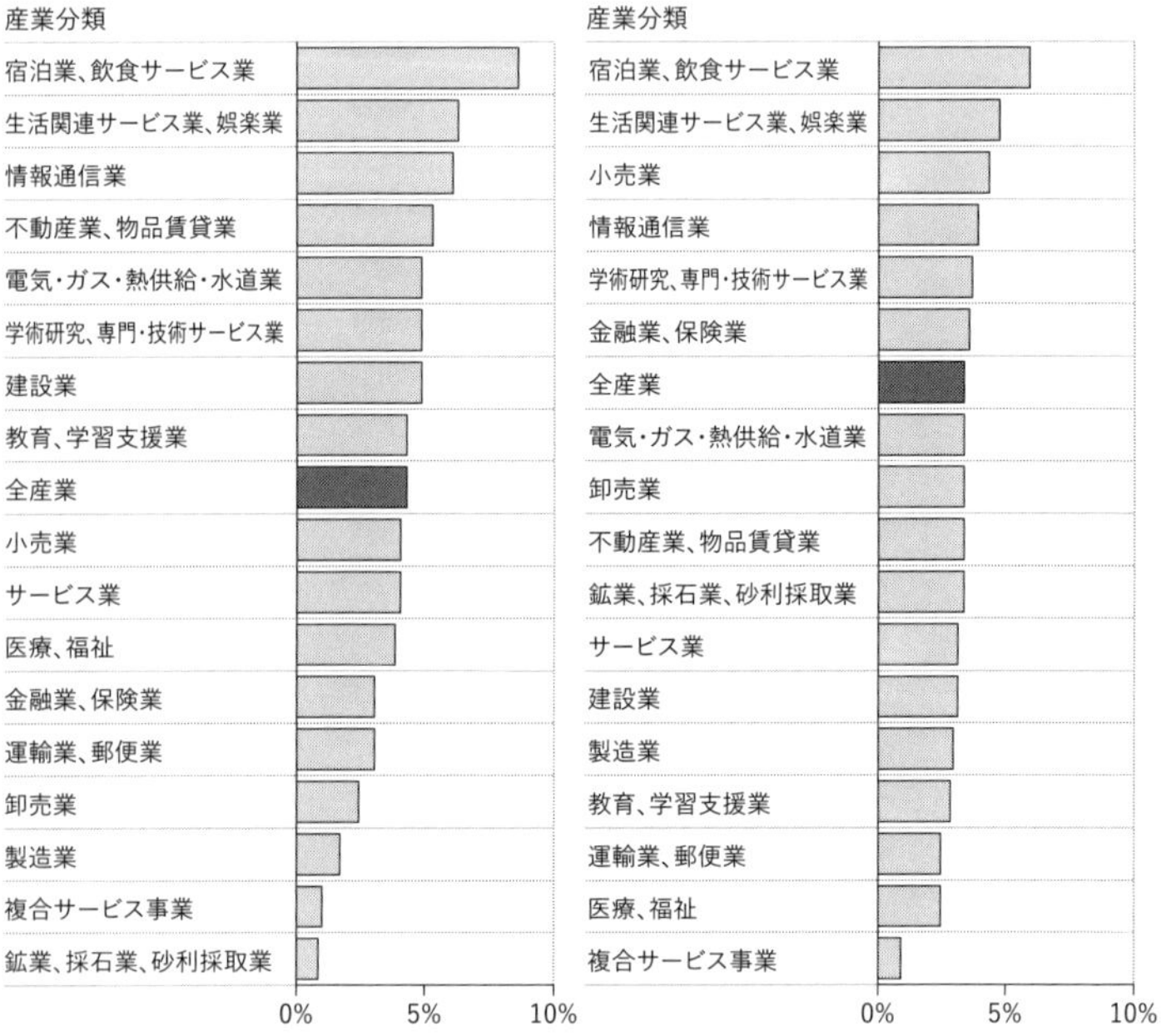

資料：厚生労働省「雇用保険事業年報」のデータを基に中小企業庁が算出
(注) 1. 開業率は、当該年度に雇用関係が新規に成立した事業所数／前年度末の適用事業所数である。
2. 廃業率は、当該年度に雇用関係が消滅した事業所数／前年度末の適用事業所数である。
3. 適用事業所とは、雇用保険に係る労働保険の保険関係が成立している事業所数である（雇用保険法第5条）。

出所）中小企業白書

都道府県別の後継者不在率

順位	都道府県	後継者不在率
1	沖縄県	81.2%
2	鳥取県	77.9%
3	山口県	75.3%
4	島根県	73.5%
5	北海道	72.4%
6	神奈川県	72.3%
7	秋田県	71.4%
8	広島県	71.3%
9	滋賀県	69.3%
10	大阪府	68.5%

出所）帝国データバンク「特別企画：全国企業『後継者不在率』動向調査（2020年）」

休廃業・解散件数と経営者平均年齢の推移

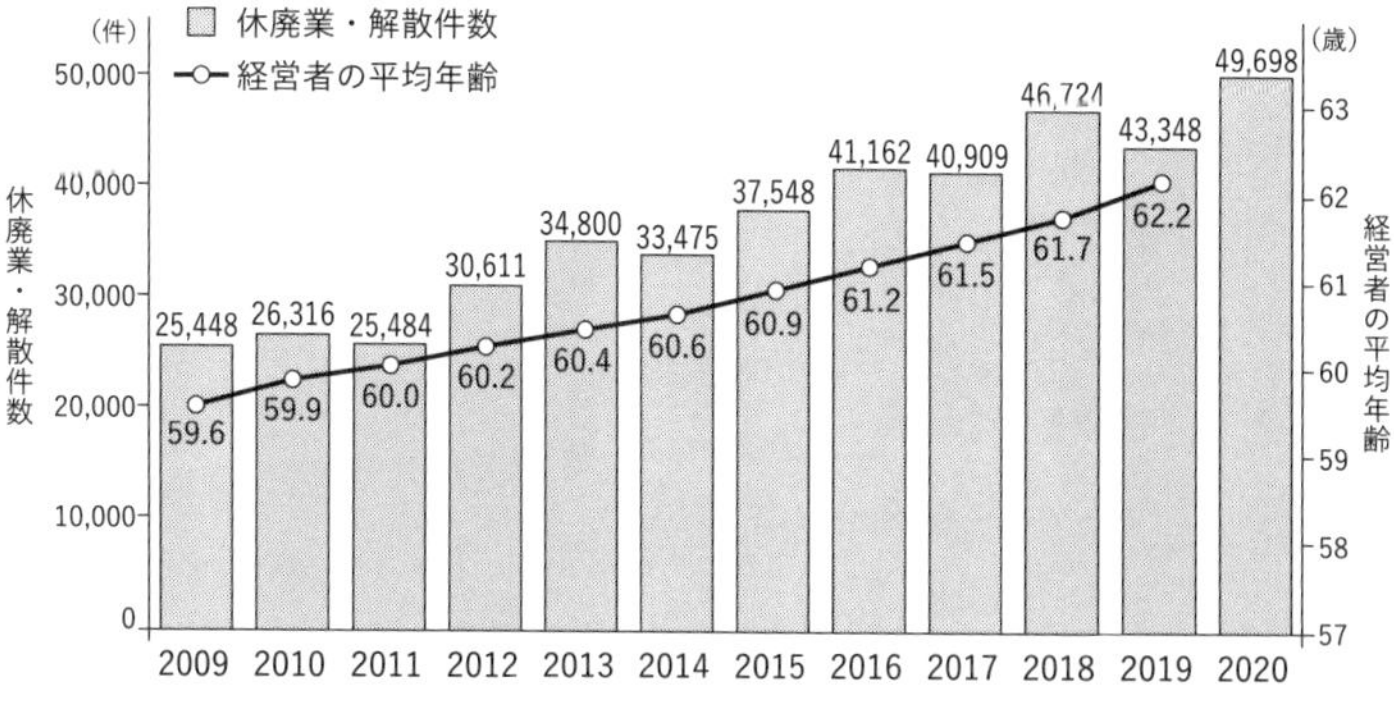

資料：(株)東京商工リサーチ「2020年『休廃業・解散企業』動向調査」、「全国社長の年齢調査(2019年12月31日時点)」

(注) 1.経営者の平均年齢は2019年までを集計している。

2.休廃業・解散件数については、2013年以降補捉率が高くなる形で調査の精度が向上されている。

ビアの製造販売を手がける「平家キャビア」が最優秀賞を受賞しました。

他に、ＳＭＢ経営者のルートとして、サーチファンドがあります。サーチファンドとは、１９８４年にアメリカのスタンフォードビジネススクールで生まれたもので、ファンドを仲介者として、若い経営者候補をＳＭＢに送り込むモデルです。サーチャーと呼ばれる「経営者を目指す優秀な若者」が、投資家の支援を受けながら、興味のある中小企業を探し、自らが経営者となって、企業価値の向上を目指すのです。

米国では累計で１４０億ドルの資金がサーチファンドに投資されており、高リターンを産んでいます（投資家の内部収益率は32・6%）[注23]。２０１９年には、山口フィナンシャルグループとジャパン・サーチファンド・アクセラレーター（ＪａＳＦＡ）が日本初の「サーチファンド」（総額10億円）を創設。２０２１年秋には、野村ホールディングスとＪａＳＦＡが50億円規模のサーチファンドを立ち上げます。

サーチファンドの魅力は、若くて資金や人脈がなくても、経営者としてチャレンジできることです。

次ページの図に示したように、サーチファンド側が、承継したい企業を探す費用（サーチ費用）を負担し、承継企業が決定して承認が下りると、株式買取費用も出してくれます。サーチャーは通常5〜7年かけて、経営者として当該企業を成長させて、上場やＭＢＯ、第三者売却などのイグジットを目指します。経営者側にも、一部の株式やストックオプションが付与されるため、成功した場合の金銭的報酬も大きくなります。

サーチファンドの仕組み

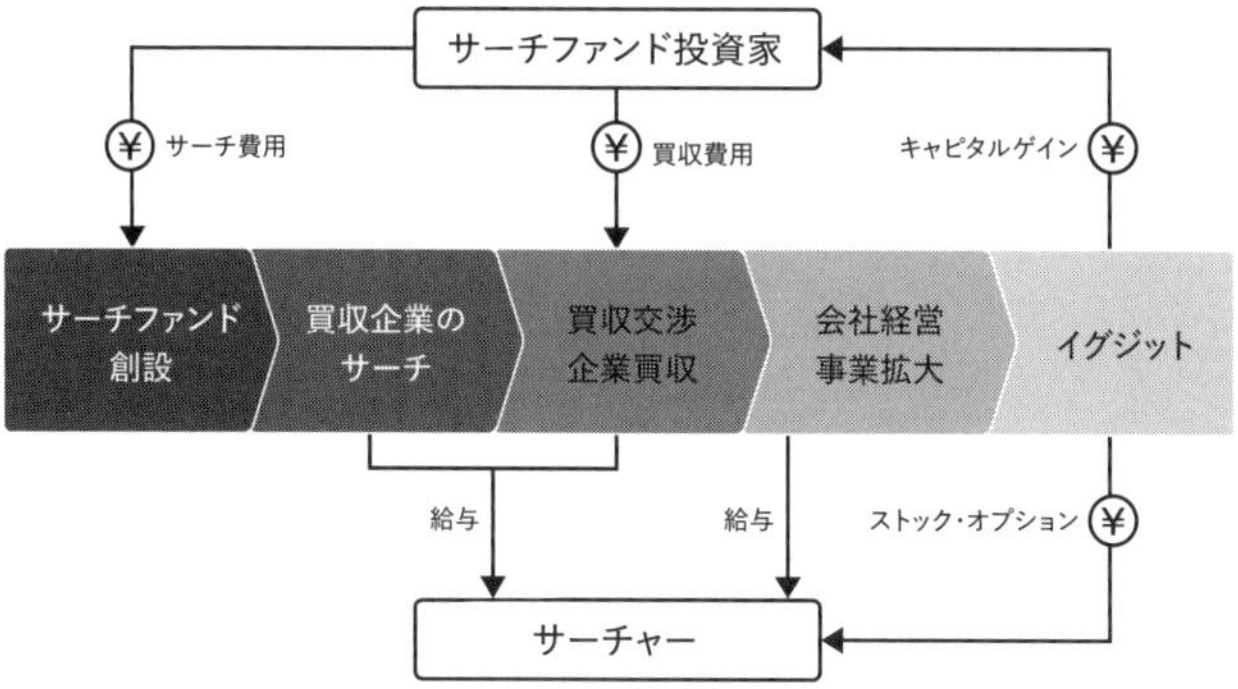

出所）JaSFA

サーチファンドは、チャンスに飢える都会の若手を、地方の後継者不足に悩むSMBに送り込むというマッチングの役割も果たします。

一つ例を紹介しましょう。東京出身の渡邊謙次さんは、米国のバブソン大学でMBAを取得した後、「実際に経営を担えるチャンスはないか」と模索していた時に、サーチファンドのセミナーに参加します。その後、サーチャーに選ばれて、約10社の候補企業と面談した上で、福岡県北九州市のくい打ち工事などを手がける塩見組のトップと意気投合。山口フィナンシャルグループのサーチファンドから出資を受けて同社を買収し、社長に就任しました。渡邊さんにインタビューした際、初めて担う社長業のプレッシャーや、年上ばかりの職場におけるマネジメントの難しさを語っていましたが、北九州での社長ライフを満喫している様子でした。

渡邊さんに限らず、「20〜30代の若いうちから経営経験を積みたい」「ゼロから起業するよりも、既存の企業の成長・改善を行いたい」「地方で働きながら、高い報酬を得られるチャンスも追いかけたい」という望みを持つ人にとって、サーチファンドは願ってもない機会になるのではないでしょうか。

ソーシャルビジネスに株式会社で挑む

もう一つSMB型起業家として有望なのが、「ソーシャルアントレプレナー（社会起業家）」です。社会起業家というと、NPOや社団法人、一般社団法人を舞台にするイメージが強いかもしれませんが、〝株式会社〟としてソーシャルビジネスを拡大しているのが、ボーダレス・ジャパンです。

同社は、2021年4月時点で、世界15カ国で40の事業を展開し、約1500人が所属、年商は50億円に達しています。それぞれの事業が独立した株式会社になっており、各社に「社長＝社会起業家」がいます。いわば、社会起業家のプラットフォームになっているのです。

創業者の田口一成さんは、大学生だった19歳の時に、食べ物が無くて栄養失調になっているアフリカの子どもの映像をテレビで見たことをきっかけに、〝貧困で苦しんでいる人を助ける仕事をしよう〟と決意します。その後、ミスミでビジネスを学んでから、

25歳の時にボーダレス・ジャパンを立ち上げました。現在は「10億円のソーシャルビジネスを年間100社生み出し続け、1兆円企業を目指す」という目標を掲げて、次々と社会起業家を世に送り出しています。

左に示したのはほんの一例ですが、事業内容もバラエティに富んでいます。

・むすびば：技能実習生が日本に来てよかったと思えるオンライン日本語教室
・AMOMA：ミャンマーの小規模農家を救うハーブ栽培
・ハチドリ電力：地球温暖化を防ぐCO_2を出さない電気販売
・ボーダレスハウス：異文化への差別偏見をなくす国際交流シェアハウス
・マザーアーチ：非正規のシングルマザーを正社員で自社雇用する

田口さんは、一般的なビジネスとソーシャルビジネスの違いを次のように定義します。「一般的なビジネスは、『マーケットニーズは何か、これから大きく成長する市場はどこか』を探して事業領域を決めていきます。つまり、マーケットニーズが起点です。それに対して社会起業家は、『マーケットニーズがあるからここでやる、ないからやらない』ではなく、解決すべき社会問題があるところで起業します。そのうえで、利益が出るように工夫していく。彼らがつくっているのは、社会ソリューションであって、あくまでも『ビジネス』は手段にすぎない。社会起業家は、ビジネスという手段を使っ

た社会活動家なのです」(注24)

資本主義社会におけるビジネスの本質は、どうしても「効率の追求」になってしまう。その論理からこぼれ落ちた非効率を見過ごすのではなく、非効率をも含めて経済が成り立つようにビジネスをリデザインすることに挑んでいるのです。

資本主義的なビジネスの枠組みにワクワクしない。売上高や利益や時価総額などを追う競争よりも、とにかくソーシャルインパクトを追求したい。そうした起業家予備軍は、若い世代を中心にたくさんいるはずです。

同社はソーシャルビジネス版吉本興業と銘打って「ボーダレスアカデミー」という起業家養成所も運営しています。社会起業のイロハを伝授し、事業計画書を描かせる本格的なプログラムで、すでに350名の卒業生を世に送り出しています。いきなり起業するのは心許ないので一からソーシャルビジネスの基礎を学びたい、自分が本当にソーシャルビジネスに向いているのか試したい。そんな人はまず養成所の門を叩いてみてはいかがでしょうか。

タイプ④スタートアップ幹部

賢くスタートアップを選ぶ5つのポイント

4つ目の「スタートアップ幹部型」。これがもっとも有力な選択肢かもしれません。いきなり起業するのは気が引けるけれども、スタートアップの幹部として経営を担い、ゆくゆくは自ら起業することも視野に入れるコースです。

私がいろんな人を見ていて、成功確率が最も高いと思うのは「大企業（外資でも日本企業でも）→スタートアップ幹部→自ら起業」というルートです。

自ら起業するまでの修業期間は人それぞれです。個人として「もう学ぶことは学んだな」と思った時に起業すればいいのですが、濃い経験を得るには、各キャリアを5年は経た方がいいとは思います。大企業5年、スタートアップ幹部5年で、32歳くらいで起業するというのが王道でしょうか（繰り返しですが、人それぞれですので、あくまで目安です）。私は41歳での起業となりましたが、もし20代から人生をやり直せるとしたら、このルートを選ぶと思います。

大企業はどこもクオリティが一定水準を超えているため、最初の大企業でどこを選ぶかは、そんなに大差はありません。それに対して、スタートアップは本当にピンキリです。どの会社を選ぶのかが人生を大きく左右します。手痛い失敗をするのもいい経験になりますが、家族もいる人は、そんな失敗をする余裕はないでしょうから、当たりくじを引くに越したことはありません。

ということで、私の考える「賢いスタートアップの選び方」の5つのポイントを紹介します。

ポイント①創業者がいるかどうか

創業者が今なお経営陣にいるかどうか。これは決定的に重要です。

創業者とは、いわば天皇のようなもの。創業者がいないということは、天皇のいない日本みたいなものであり、教祖のいないキリスト教のようなものです。ワークスアプリケーションズ創業者の牧野正幸さんが「創業者なきスタートアップはマシーンみたいなもの」と表現していましたが、その通りだと思います。創業者なき後のスタートアップは、仕組みを回していくマシーンのようになり、新しい創造が生まれにくくなるということです。キラキラした企業やサービスも、創業者が抜けた途端、魔法が解けてしまう——そんな例は枚挙にいとまがありません。

スタートアップの最大の強みは、創業者が作ったカルチャーであり、事業であり、早い意思決定です。これがなくなると、リソースが豊富な大企業に勝てる見込みは薄くなります。とりわけ、横並びで動きの遅い日本のビジネス界においては、スピーディーな独裁的リーダーシップがうまくハマると、エッジが立った施策を次々と打ち出せます。創業者とは魂であり、象徴です。会社の文化は創業者の価値観の延長なのです。

「カリスマ創業者に依存し続けるよりも、創業者から卒業して自律的に動くようになっているスタートアップの方が強いのではないか」——そんな反論もあるでしょう。しかし、それが成り立つのは、10年、20年、創業者が地道に文化や歴史を積み上げて、それが揺るがないものになり、創業者の理念を体現する人がそろっていることが条件です。ベゾスも、ゲイツも、孫正義も、柳井正も、何十年もトップに立って会社を引っ張っています。創業魂はそんな短期間で根付くものではありません。人間が成人するのに20年かかるように、スタートアップが一人前になるのにも20年くらいかかるのです。

あなたが将来起業することに興味がなく、その会社に骨を埋《うず》めたいと思っているのであれば、創業者が引退して安定フェーズに入っているスタートアップに入るのもいいですが、それなら大企業に入るのと五十歩百歩です（仕組みや制度やブランドという点では、大企業の方が断然上です）。スタートアップ側もそうした大企業的安定を求める人を欲しくないでしょう。とにもかくにも、大企業と違うスタートアップらしさを求めてスタートアップに入るのであれば、創業者の存在は全てと言ってもいいのです。

ポイント②創業者が好きか嫌いか

創業者がいる会社で、次にチェックすべきは、創業者との相性です。

スタートアップは文化が大事ですが、その文化は創業者の価値観を反映したものに他なりません。つまりは、その創業者が好きか嫌いかと、その会社の文化が好きか嫌いかは、ほぼイコールなのです。だからこそ、創業者と自分の相性はとてつもなく重要です。

正確に相性を見極めるためにも、面接の際には、創業者と会えるようにリクエストした方がいいでしょう。それがダメでも、メディアに出ている記事（本があればなおいい）を読めば、ある程度のことはわかります。ただし、記事や本の言葉は、綺麗なＰＲ上の言葉も多いため、盲信してはいけません。

活字は感情よりも理性に寄ったメディアですので、人柄やキャラクターを十分に汲み取れないところがあります。相性を測るには、動画の方がおすすめです。動画は感性に訴えるメディアであり、その人の人間性やセンスがモロに出るからです。

どんな佇まいなのか、どんなしゃべり方をするのか、どんな語彙やテンポで話すのか、どんなファッションセンスなのか。映像から得られるヒントはたくさんあります。

望むらくは、イベントなどの登壇で「生の姿」を見たいところです。オーラがあるか、スピーチに引き込まれるか、他の人の話をどんな佇まいで聞いているか、待ち時間に何をしているのかなど、映像とはまた違った顔を覗けるはずです。あなたの人生を左右する決断なので、ぜひとも右脳と左脳をフルに働かせて好き嫌いを見極めてください。

ポイント③ビジネスモデルが強靭かどうか

いくら創業者が好きでも、「好き」という感情だけでは、幸せな仕事生活は続きません。結婚生活と同じように、好き嫌いだけでなく、経済力も求められます。だからこそ、投資家になった気持ちで、その会社の事業やプロダクトの強さ、ビジネスモデルの強靭さを調べ尽くしましょう。

ひとつおすすめのフレームワークを紹介しましょう。日本のウォーレン・バフェット

「構造的に強靭な企業」の条件

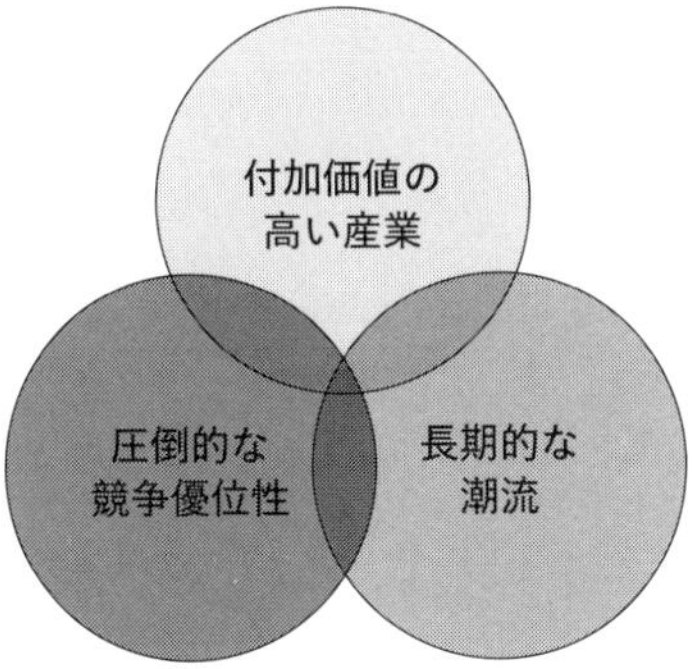

出所）『ビジネスエリートになるための教養としての投資』（奥野一成）

とも呼ばれる、農林中金バリューインベストメンツCIOの奥野一成さんは、「構造的に強靭な企業」の条件として、「付加価値の高い産業」「圧倒的な競争優位性」「長期的な潮流」という3つを挙げています。

奥野さんはこの3条件を満たす企業に長期投資していますが、これは、就職する企業を選択する際にも役立ちます（詳しい内容については、ぜひ奥野さんの『ビジネスエリートになるための教養としての投資』を読んでみてください）。

ビジネスモデルは体の健康です。健康診断は、財務諸表とプロダクトを分析すれば、かなり正確に行えます。財務諸表を読み込むとともに、当該会社のサービスやプロダクトを使い倒してみる。特に未上場企業の場合は、公開情報が少ないため、プロダクトを丸裸にするくらい使い倒してみましょう。

できればプロの投資家の評価も知りたいところです。特にＩＰＯ前のスタートアップであれば、投資家の評価によって企業価値が決まります。

例えば、今流行りのＳａａＳビジネスであれば、ＰＳＲ（株価売上高倍率）での評価になり、「売上高の数倍」という計算式で企業価値が評価されるため、企業価値が大きくなりやすい。一方、広告などの単発で積み上げるビジネスの場合、ＰＥＲ（株価収益率）での評価となり、利益水準が大切になります。自分が投資家になった気持ちで、今の企業価値が適正か否かを分析するのもいいでしょう。

どんなにカッコいいことを言っていても、強固なビジネスモデルとプロダクトのない会社は、十分な投資ができず、四半期決算に追われて疲弊していきます。未上場で大型調達に成功していても、あっという間に資金が底をつきます。

何よりも自分がポテンシャルを信じられるプロダクトや事業でないと、あなたの情熱も続きません。その会社の創業者だけでなく、事業やプロダクトにも惚れられるかがカギを握るのです。ここでしっかり分析すれば、面接でもいい答えができるでしょうし、入社後もスタートダッシュをかけやすくなるでしょう。

最後に定性情報として、実際に中で働いている人に話を聞くのもおすすめです。データなどでは現れない生々しい情報が取れるかもしれません（ただし、個人の言い分は偏っていることも多いので、鵜呑みにしすぎないことも大切です）。

ポイント④センスがあるか

センスというと、基準が曖昧でいい加減に聞こえるかもしれません。しかし、言語化が難しいからこそ、センスは本質的なのです。今の時代、ビジネスやデザインやクリエイティブのセンスがあるスタートアップでないと、ブランドを育てて大きく羽ばたくことはできません。

米国のスタートアップと日本のスタートアップの差の一つは、デザインセンスです。米国でヒットしているBtoBサービスは、ロゴやUIUXが洗練されたものが中心です（Zoomはちょっとダサいですが）。日本の場合、お笑い芸人を使ったCMが多く、認知度アップのマーケティング戦略としては機能していますが、中長期的なブランド戦略としては首を傾げてしまいます。

だからこそ、ホームページ、プロダクト、オフィス、創業者のファッション、社員のファッションなど、外から見えるセンスに目を光らせるべきなのです。『人は見た目が9割』というベストセラーがありましたが、企業も見かけが5割くらいを占めると思います。

ここでいうセンスとは、かっこいいかどうかもありますが、問うべきは一貫性であり、統一感です。一流のデザイン事務所に頼めば、一見かっこいいオフィスやUIUXは創れます。しかし、それがその会社のイメージとギャップがあれば、違和感を抱くはずです。

創業者のファッションや佇まいがえらくダサいのに、オフィスだけ有名デザイナーに頼んでカッコよくしていると、肩に力が入りすぎてむしろダサい。成金がルイ・ヴィトンを持っている感じです。逆に、質素なオフィス、質素なデザイン、質素なファッションで統一している人は信頼感が高まり、経済感覚もしっかりしている印象を与えます。

すなわち、カッコいいオフィスが悪いわけでも、質素なのがいいわけでもなく、統一感のある思想、センスを感じるかがポイントなのです。それがない会社は、ブランドマネジメントが弱い。スタートアップのクリエイティブディレクターとは創業者自身ですので、ブランドがバラバラということは、創業者にセンスがないか、縦割り化が進んでいて会社のマネジメントが機能していないか、どちらかの可能性が高いです。

センスについては、普遍的な解があるわけではないので、あなたの好き嫌いを信じてください。センスに自信のない人は、センスがある知人に意見を求めた方がいいでしょう。

ポイント⑤報酬制度がフェアか。ストックオプションをもらえるか

スタートアップの報酬はここ数年でずいぶん上昇しました。マザーズ上場企業の平均年収を見ると、メルカリが820万円に達していますが、他の企業では700万円以下が標準です。未上場企業の場合は、マザーズ上場企業よりも低いケースが大半です。つまり、大企業と比べると、年収レベルは劣ります。

もう一つ、スタートアップの報酬の特徴は、幹部層とそれ以外のメンバーの差がとて

も大きいということです。年収にさほど差はなくとも、ストックオプションなど株式から得られる収入に大きな差が付きます。いわば、格差社会です。

報酬制度には会社や創業者の思想が色濃く出ます。だからこそ、スタートアップに入るのであれば、単に収入の平均値を見るだけでなく、どんな報酬制度なのか、ストックオプションをもらえるのか、をしっかり確認すべきです。

ストックオプションをもらいたいなら、「早く入社すればするほど有利」という法則を頭に入れておくべきです。創業時に参画して出資をして生の株をもらえるのがベストですが、さすがにそれはハードルが高いので、創業時の資金調達であるシードラウンド、その1年後くらいのシリーズAの調達時までには入社するのがいいでしょう。

その後のラウンドでも、どうしても引き抜きたいCXOクラスには多数のストックオプションが付与されることもありますが、基本的には早い者勝ちです。参画が早ければ早いほど、その時点での企業のバリュエーションが低くなりますので（＝ストックオプションの行使価格が低くなる）、上場時のリターンが大きくなります。

ですから、「この人は好きだ、この人の事業なら成功するはず」という意中の人を見つけたら、できるだけ早く参画したほうがいいでしょう。創業期はどのスタートアップも人が足りずに困っているので、入社できるチャンスも大きいはずです。

もう一歩踏み込むと、共同創業者、少なくとも、創業メンバーになったほうが得です。リスクを取る分、自らも出資するなど株式を保有できるよう交渉した方がいいでしょう。

創業初期以後のスタートアップに参画する際は、信託型ストックオプションを発行している会社かどうかもポイントになります。第4章で解説していますが、信託型ストックオプションの場合、創業期以後のメンバーに対しても、条件のいいストックオプションを付与することができます。そのため、参画時期が遅くてもストックオプションを低い価格で行使して、大きなキャピタルゲインを得られる可能性があるのです。

タイプ⑤大企業イントレプレナー

リクルートの社長が起業しない理由

日本では、大企業の中で起業家となる「大企業イントレプレナー」の道がもっとも人気があるかもしれません。大きな組織の中で、組織内外のアントレプレナーたちと組みながら、改革を実現したり、新たな事業を作り出したりする。令和の「勝海舟」のような存在です。

大企業イントレプレナーの魅力は、何といっても、成功した時に社会へのインパクトがデカいことです。社内調整などが大変な分、会社のブランド、営業力、開発力など、巨大なリソースを使うことができます。

45歳でリクルートのCEOに就任した出木場久征さんは、起業家の道を選ばずにリクルートに留まった理由をこう述べています。

「稼ぐことだけ考えれば、サラリーマンを辞めて自分の会社をやっていたほうがよかっただろうと、今でも思いますよ。1000億円とか5000億円を1人で稼げる道はあった。でも、なぜ儲からないほうを選んだのかというと、やっぱり世の中にインパクトを与えられる規模の違いですよね。偉大なる先輩たちが築いてきた資産を受け継いで使えるという、盛大な〝アドバンテージ〟。これ、すごい価値だと思うんですよ。

大企業で働くメリットは、このアドバンテージを使える権利です。この権利を与えられているんだから、上司がうるさいのは当たり前でしょう。それが嫌なら全部自分でやってみれば、と言いたい。大変ですよ、全部を自分でやるのは……。(注25)」

出木場さんが、リクルートCEOになったのは、数々の事業を成功に導いてきたからです。「カーセンサー」の営業から始まり、旅行サイト「じゃらん.net」「ホットペッパービューティー」の予約システムのオンライン化を進めて、自ら買収をリードした米国の求人情報サービス「Indeed」をCEOとして爆速成長させました。

出木場さんは、大企業イントレプレナーの金メダリストのような存在ですが、あらゆる大企業において、デジタル、SDGs領域を筆頭に、挑戦しやすい分野が広がっています。しかも、傍流としてでなく、出世コースとしてです。

コロナショックが加速させたDX(デジタル・トランスフォーメーション)により、その傾向はさらに強まりました。デジタル、テクノロジーに強い20代、30代に仕事を任せていかないと、顧客のニーズに応える事業・サービスを創れませんし、優秀な人材ほど、企業に見切りをつけて転職や起業してしまうからです。

スタートアップ起業家や大企業イントレプレナーの支援を行うデロイトトーマツベンチャーサポートの斎藤祐馬さんは「日本経済を変える方法が2つある」と言います。

一つは、スタートアップが日本企業の時価総額トップ10を塗り替えるぐらい成長すること。もう一つは、新規事業などイントレプレナーとして実績のある人が大企業のトップとなり、会社を変えていくことです。

そんな大企業トップの潜在層を広げるためにも、「2025年までに、大企業内の30代社長を300人創る」というビジョンを掲げています。

「なぜ大企業グループ内で、30代を社長に据える必要があるのか。それは、大企業の改革は、10年、15年スパンでないと果たせないからです。定年間近のタイミングで社長になっても現役期間は短いですから、長期的な取り組みをするためには、逆算すると40代には本体の社長にならないといけない。そのため、30代には、グループ会社の社長になっておく必要があるのです(注26)」

斎藤さんの考える30代社長のキャリアパスを示したのが次の2つの表です。どのキャリアパスでも前提となるのは、まずは与えられた仕事で結果を出して、ポテンシャルの高い人材として認められることです。その上で、次の5つのルートがあります。

大企業内30代社長のキャリアパス

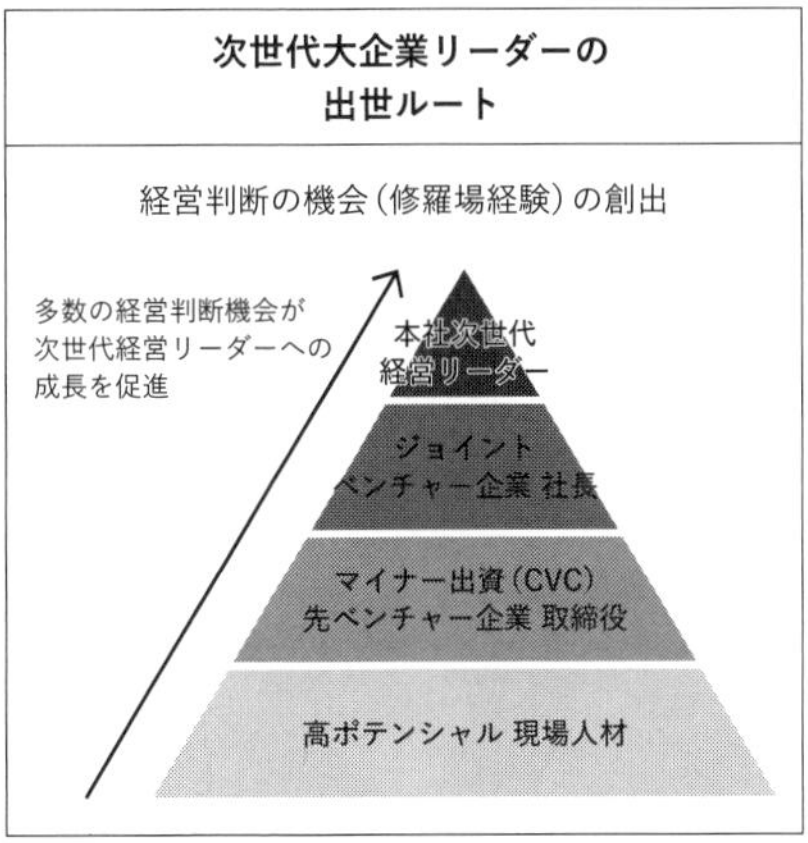

大企業内30代社長を生み出す5つの類型

❶ 社内新規事業制度

❷ CVC設立からJV設立

❸ スタートアップM&A

❹ 既存の子会社に抜擢

❺ 後継ぎ

①社内新規事業に挑む

②スタートアップと共にジョイントベンチャーを創る

③スタートアップを買収し自らの経営を担う（自らの会社を大企業に買収してもらう）

④既存の子会社のトップに抜擢される

⑤家族など後継ぎとしてグループ子会社社長になる

この5つのルートのうち、⑤の後継ぎコースは大半の人にとって縁がないですが、他の4つのルートは誰にも門戸が開かれています。そのいずれかのルートで子会社社長などを経験し、実績を残すことでトップまで上り詰めていく。これが新たな社長への王道ルートです。

ソニー、三井物産による「新規事業の仕組み化」

実際、30代社長はポツリポツリと増えてきています。

①の社内新規事業制度では、リクルートが1982年から行っている新規事業開発コンテストの「Ring」が有名です。このコンテストを起点として2011年に生まれたオンライン学習サービスの「スタディサプリ」は、今では、会員数157万人を超えるスーパーサービスに成長しています。

リクルートに負けじと、他の大企業でも、新規事業を仕組み化する動きが進んでいます。ソニーは2014年に、スタートアップや新規事業の創出を支援するプログラム「SAP（現SSAP）」を立ち上げて、これまでに17の事業化を実現しています。スマートウォッチの「wena」、スマートロックの「Qrio Lock」など、量産化フェーズに入るプロダクトも生まれてきています。

このプログラムの立案者で、リーダーを務める小田島伸至さんは、大企業における新規事業の課題をこう語ります。

「どんな分野でもその仕組みがあれば、教育は上手くいきます。先人が学んだことが記録として残るから、同じ失敗を避けられる。でも、新規事業は現状、まだその仕組みが成立していない。100個の新規事業のうち、99個が失敗する厳しい世界なのに、失敗した経験が残らないから、みんなまた同じような失敗をしてしまう。

仕組みができあがらない、つまり記憶や知見が残らないのは、指導者がいないのが大きな原因だと思っています。学校って、生徒たちはどんどん卒業していきますが、先生はその学舎に残りますよね。教育機関には、必ず専門の指導者がいて、次の生徒を待っている。生徒を迎え入れて送り出す、というフローができているんです。日本の新規事業開発全体において、この要素がすっぽり抜けてしまっていることは大きな問題だと考えています(注27)」

ソニーはこれらの課題に対処しつつ、新規事業の方法論を磨き上げて、そのノウハウを社外にも提供しています。

他に、三井物産では、自らも出資して社内起業できる制度があります。2018年にはゼロイチの新規事業を生むベンチャースタジオ「Moon Creative Lab」をシリコンバレーに設立し、東京でも活動中です。グループ4・5万人から新規事業を募集し、続々と新規事業が立ち上がっています。

乳幼児の夜泣き・寝かしつけを改善するアプリ「Lullaby（ララバイ）」、近所のカフェを仕事場として使えるサービス「Suup（スープ）」、ビジネス音声コンテンツアプリの「VOOX（ブックス）」、テニスのコートやレッスンなどが探せる「テニスベア」などのサービスが始動しています。こうした取り組みは今後、他の大企業でも盛んになっていくでしょう（そうしないと、優秀な若手社員を採用できなくなってしまいます）。

三井住友銀行の最年少子会社社長

①の「社内新規事業」と②の「スタートアップとの合弁」の合わせ技に近いのが、SMBCクラウドサイン社長の三嶋英城さん（1982年生まれ）です。

新卒でニフティに入社して事業開発などを担当した後、異業種での経験を求めて、2018年に三井住友フィナンシャル・グループ（SMFG）に転職。その後、オープンイノベーション施設の統括をしていた時に出会った、弁護士ドットコムの幹部と意気投合して、2019年に合弁会社のSMBCクラウドサインを立ち上げます（出資比率はSMFG51％、弁護士ドットコム49％）。当時37歳での子会社社長就任は、SMFGでの最年少記録でした。同社が販売するクラウド型電子契約システムは、コロナ禍で急速にユーザー数を伸ばし、国内シェア約8割（弁護士ドットコムのシェアとの合計）をつかんでいます。

三嶋さんが、リーガルテックの分野を選んだのは、「銀行ならではの価値を考えたから」だと言います。

「一番のポイントは、社会的な信用力です。銀行は銀行法に縛られるため、遅いとも、お役所的とも言われますが、裏を返すと、銀行だから下手なことをしないという信頼があります。リーガルテックは厳密な法律対応が求められる領域なので、親和性が高いと思いました」

信用力とともに、大きな助けとなったのは、ＳＭＦＧが全国に張り巡らせる営業ネットワークです。動き出すまでは鈍くとも、一度動き始めたら、大企業の持つパワーはスタートアップとは比べものになりません。三嶋さんが、社内を説得して、全社の支援を引き出せたのも大企業流のコミュニケーションを心得ていたからです。

「銀行は守りのスペシャリストが多くて、そこから学ぶことがすごく多い。遠ざけたくなるタイミングがあっても、真摯に話を聞くと得るものがあります。今のポジションにつけたのも、会社の人事部や役員が応援してくれたからです。ニフティ時代から大企業でのやり方は学んできましたが、ベンチャーから銀行への転職だと厳しいだろうなと思います。それぐらい環境が全く違います」

三嶋さんから見ると、大企業内でイントレプレナーとして活躍するチャンスは大きいと言います。そのためにも、〝一歩を踏み出す勇気〟の重要性を訴えます。

「会社が制度を用意するのも大事ですが、若手や中堅が一歩を踏み出すことが重要だと実感しています。私の場合も、自分自身が最初に声を上げることからスタートしました。経験上、大企業で新規事業を心の底からやりたいと思っている人間はそんなに多くありません。せいぜい全体の10％程度、実際に一歩を踏み出すのは１、２％ぐらい。意外と競合が少ないので、会社が取り合ってくれる可能性はあります。与えられた仕事で１００、１２０％の実績を出していれば、抜擢される可能性も高まるはずです」

ＪＲの異端児が唱える「75点理論」

②の「スタートアップとの合弁」のど真ん中のケースが、無人ＡＩ決済システムソリューションを展開するTOUCH TO GO社長の阿久津智紀さんです（１９８2年生まれ）。阿久津さんは２００4年にＪＲ東日本に入社していますが、鉄道に興味はなく、「鉄道事業以外のビジネスなどをやりたい」という意思は明確だったそうです。

入社後の初仕事は、コンビニ「NEWDAYS」の店長でした。その後も、飲料自動販売機の仕入れを担当したり、新幹線の新青森延伸のタイミングで青森に赴任して5年間かけてシードルを開発したり（英国のシードル大会で金賞を受賞）、ユニークな経験を積み重ねています。本社に戻ってからは、ＪＲグループのポイント統合事業に関わった後、スタートアップとの共創プログラムである「ＪＲ東日本スタートアップ」を始動。そこでの出会いが、社内起業へとつながりました。

「スタートアップをたくさんみてきて、いちかばちかの勝負よりは、大企業のリソースを使って、スタートアップに近い形でビジネスを作りたいと思いました」

事業として選んだのは、無人ＡＩレジ店舗ソリューション。スタートアップ共創プログラムで、画像認識技術を持つサインポストというパートナーを見つけます。同社とのタッグで、２０１7年から大宮駅、２０１8年には赤羽駅で実証実験を行い、２０１9年には合弁会社のTOUCH TO GOを設立（出資比率は、ＪＲ東日本50％、サインポスト50％）。ＪＲ東日本として、初のカーブアウト（企業が事業の一部を外部に切り出し、スタートアップとして独立させること）になりました。

同社のビジネスモデルは、省人化したい小売店などに、サブスクモデルで無人ＡＩ決済ソリューションを提供することです。高輪ゲートウェイ駅での無人店舗スタートに続いて、２０２1年3月にはファミリーマートと業務提携し、丸の内の無人レジ店舗をオープンしました。ファミリーマート以外にも紀ノ國屋、カフェ運営のノースリンクなどとの提携が続々と決まっています。

採用面では「大企業並みの待遇とスタートアップ的な裁量」を掲げて、人員を拡大中。今後は、地方にも展開し、ゆくゆくは上場を果たして、最終的には世界に展開する1兆円企業を目指しています。

阿久津さんは、大企業で新規事業を起こすポイントとして「75点理論」を唱えます。

「大企業は90点とか95点のものでないと世に出してはダメという指導をします。でも、新規事業を担当する人は、多少怒られることを覚悟しても、上長を直接説得して勝負させてもらうことが大事です。大企業が60点のものを出すとフルボッコに遭いますが、75点ぐらいで勝負すると、社会が『いいかも』と認めてくれて、80点、90点へと評価が上がっていくことがある。すると、最初はダメだと言っていた人も、認めてくれるようになるんです」

「大企業ドリーム」が実現する時代へ

③の「スタートアップM&A」における一番の成功例は、先ほども紹介したリクルートの出木場社長です。

2012年に自ら探してきたIndeedの買収を実現し、その後、社長としてリクルートの事業の柱に育て上げました。30代子会社社長として実績を上げて、40代で本社社長になるという理想的な道のりです。出木場さんのようなビッグスケールの例はまだ出てきていませんが、今後10年でスタートアップM&A型も増えてくるでしょう。

③の出戻り型の一例が、「Shiftall（シフトール）」の岩佐琢磨CEOです。大企業出身のスタートアップ起業家が、M&Aによって古巣にイントレプレナーとして復帰する形です。

岩佐さんは、新卒で現在のパナソニックに入社してネット接続型家電の商品企画などを担当した後、2007年に退職して、ハードウェアスタートアップのCerevo（セレボ）を創業します。それから、スタートアップ経営者として経営経験を積んだ上で、2018年に、ハードウェアのアジャイル生産を手がける「Shiftall」を設立し、その全株式をパナソニックに売却しました。新会社の代表として、パナソニック社内で新規事業開発を担っています。

26万人の従業員を有し、製造・開発・販売の巨大なリソースを持つパナソニックは、10の大きさの事業を100へと拡大するのはうまい。ただし、0から1を生んだり、1

の種を10まで育てるスタートアップ的なノウハウは弱い。その空白を埋めて、VRなどの新領域を切り拓くのが新会社の役割です。

米国では一般的ですが、日本の大企業でも、M&Aにより、スタートアップのノウハウや事業を取り込んでいく流れは強まっていくでしょう。

④の「既存の子会社に抜擢」の代表例が、日本IBMデジタルサービス社長の井上裕美さんです。

2003年に日本IBMに入社した後、システムエンジニアとして官公庁のシステム開発を担当。その後、プロジェクトマネージャーを経て、官公庁デリバリー部長、ガバメント・デリバリー・リーダーなどを歴任し、2020年7月には、39歳で数千人のメンバーを擁する日本IBMデジタルサービスのトップに就任しました。同社は、顧客のDXを推進するためにグループ子会社を集約した戦略子会社であり、そこに30代社長が就任するのは、まさに時代を象徴しています。

何人かの30代子会社社長の例を取り上げてきましたが、社長の肩書きがないと、イントレプレナーになれないわけではありません。現場リーダー、中間管理職でも大企業のふんだんなリソースを使えますし、新入社員だってチャンスはあります。20代、30代なら失敗しても失うものは少ないですし、転職もしやすいですので、まだチャレンジャーが少ない今こそ狙い目です。前出の斎藤さんはこう鼓舞します。

「今の大企業は本当に順番待ち。50歳を超えないとチャンスがほとんど来ないので、諦めて30代でベンチャーに行ってしまったりします。だけれども、ここでデジタルがわかって、ベンチャーとコミュニケーションが取れて、大企業のリソースで、素早く意思決定できるようになれば、成功率は絶対に高い」

今後は、阿久津さんのようなカーブアウトも増えるでしょうし、自ら出資した上で(もしくはストックオプションをもらった上で)、上場するというパターンも増えていくでしょう。そうすれば、大企業のリソースで社会インパクトを出しながら、金銭的なアップサイドも得られるという「大企業ドリーム」も生まれてきます。

第二、第三のエムスリーやモノタロウが続々と生まれてくる時代になれば、大企業イントレプレナーは、純粋なスタートアップ起業家に負けないほどの「憧れのキャリア」となっていくはずです。

第4章

起業を成功させる5つのステップ

この章では、起業に興味をもったあなたが、実際に起業家として（もしくは、起業家のパートナーとして）一歩を踏み出すためのステップを解説します。細かいビジネスのノウハウや、専門的な知識は、国内外の専門書やウェブサイトなどにあふれていますのでそちらを読んでもらうとして、この章では、起業を成功させるためのステップを次の5つに絞ってお話しします。

①自己分析
②ミッション・ビジョン・バリュー
③事業づくり、プロダクトづくり
④パートナー探し・チームづくり
⑤資本政策・ファイナンス

起業とは、自らを問う営みでもあります。全ての起点はあなたです。まずは己を知り、何のために起業するかを考え抜いた上で、会社のミッション・ビジョン・バリューを創ります。それを土台として、実際に事業やプロダクトを練り上げていくことになりますが、一人でできることはたかが知れています。優れたスタートアップを生み出すためには、共に歩むパートナーとチームが欠かせません。仲間が見つかったら、あとは前進あるのみ。エンジェル投資家やVCなどから軍資金を集めて、いざ出陣です。

①自己分析――まずは己を知る

おすすめの４つの自己分析

ここまで「なぜ起業家になるべきか」を滔々《とうとう》と語ってきましたが、誰もが起業家になるべきでもないですし、なれるわけでもありません。起業家以外の形で、自分らしい人生を送って、社会に貢献する道はいくらでもあります。答えは人それぞれです。

「自分は起業家に向いているのか？」「どんなタイプの起業家なのか？」「もし起業家タイプでなくても、起業家とともに事業を創りたいと思ったら、どんな役割が合うのか？」。そのヒントを得るためにも、まずは自己分析をしてみましょう。全ては己を知ることから始まります。

私がお勧めするのは、次の４つの手法です。この４つで自分と自分のチームを分析すれば、精緻な自己診断ができるはずです。

（１）デロイトトーマツベンチャーサポート理論
（２）ストレングスファインダー理論

（３）リフレクション理論
（４）ＦＦＳ理論

起業家の４つのスキル

デロイトトーマツベンチャーサポートは、国内外約３０００のベンチャー企業とのネットワークを有する、スタートアップのハブ的存在です。起業家の登竜門である「モーニングピッチ」（毎週木曜日朝に行うピッチイベント）を筆頭に、ベンチャー支援、大企業イノベーション支援、官公庁・地方自治体支援を行っています。

同社社長の斎藤祐馬さんは、「日本のスタートアップの良心」とも言える、熱くて、ピュアで、頼りがいがあるビジョナリーです。彼は「アジアの渋沢栄一」を目指して、日々、国内外の起業家をプロデュースしています。彼自身も同社をほぼゼロから急成長させた、日本を代表する30代イントレプレナーです。

私自身も、彼との出会いがなければ、起業することもなかったかもしれません。目線が下がったり、ついつい現実的で保守的な方向に進んでしまいそうになった時、「もっと大きいビジョンで！」と叱咤激励してくれる名コーチです。

膨大な数の起業家を見てきたデロイトトーマツベンチャーサポートが紹介しているのが、ＷＨＹ、ＨＯＷ、ＷＨＡＴ、ＷＨＯの４つのスキルによる起業家のタイプ分けです。詳しい解説は『起業家とつくった起業の教科書』『一生を賭ける仕事の見つけ方』を読んでもらうとして、ポイントを解説します。

WHY：ビジョンを考えるスキル
HOW：ビジネスモデルを考えるスキル
WHAT：商品を開発するスキル
WHO：顧客を考えるスキル

WHY型は、一言でいうとビジョナリー型です。なぜこのビジネスが必要か、社会にどんなインパクトを与えられるのか、世界をどう変えられるのか、を熱く語れるタイプです。スタートアップにはこのWHY型が不可欠であり、WHY型がCEOなど創業者になるケースがよくあります。

HOW型は、別名アナリスト型、コンサル型です。ビジョンを上手くビジネスモデルに落とし込んで、収益化していくスキルに長けています。MBAや博士号などを取得した高学歴な人材が多く、投資銀行、コンサルティングファーム、プライベートエクイティなどの出身者がメインです。

WHAT型は、とにかく自分が熱中するテーマや得意分野があって、技術や製品や作品を世界中に広げたいという思いで突っ走ります。エンジニアや研究者やクリエーターに多いタイプです。検索エンジンを世界に広げたグーグルのラリー・ペイジとセルゲ

起業家のタイプは大きく３つに分けられる

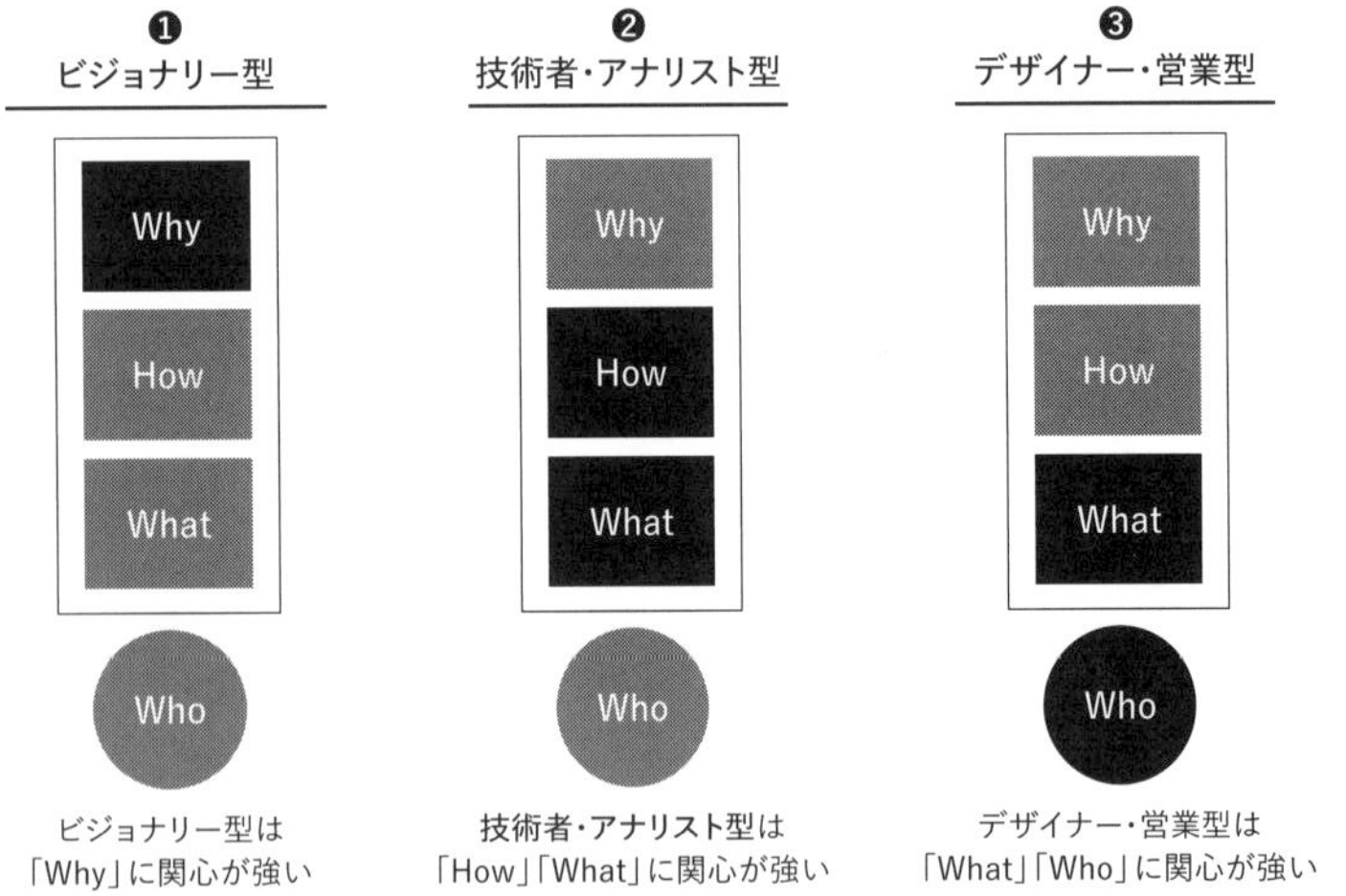

出所）『起業家とつくった起業の教科書』

イ・ブリンなどは典型でしょう。**ＷＨＯ型**は、営業型・デザイン型です。どこにマーケットやチャンスがあるか、誰にプロダクトやサービスを提供するか、ユーザーは何を望んでいるか。顧客視点から発想するタイプです。顧客志向型リーダーとも言えます。世の中のトレンドを摑むのも上手く、マーケターなどにも多いタイプです。

　もちろん、大半の人は、それぞれの型の素養を持っており、一つの型だけで説明できるものではありませんが、大まかな傾向をつかむのに役立つフレームワークです。濃淡や組み合わせによってリーダーとしてのタイプが決まっていきます。デロイトトーマツベンチャーサポートの見立てによると、大まかに次の3つのタイプに分かれます。

ビジョナリーこそ、自分ガバナンスが大事

一つ目は、**ビジョナリー型**。とにかくWHY一辺倒のタイプです。ザ・起業家といった感じで、世の中で言う起業家のイメージはこの型に近いでしょう。

このタイプの強さは、言わずもがな、迸《ほとばし》るようなビジョンで押し切る突破力です。大言壮語によって、周りを現実歪曲フィールドに誘う力に長けています。

一方で、弱点も明快です。実務に弱かったり、細部が甘かったり、脇が甘かったりすることもままあります。だからこそ、WHY型は〝教祖〟として柱になりながらも、優秀な仲間を集めて、最強チームを創らなくてはなりません。

ジョブズもアップルの第一次政権時には、ビジョナリーとして独断専行しすぎて、取締役会に追放されました。1997年に復帰し、第二次政権を発足した際のジョブズは、オペレーションの大切さを身に染みて理解していました。彼の右腕となったのが、ティム・クックであり、彼が、効率的な生産システムを作り上げて、ジョブズ死後も続く永続的な高成長を演出しました。

もう一つのリスク要因は、起伏の激しさ、当たり外れの大きさです。目指すビジョンがでかいだけに、その実現には長い時間がかかりますし、結果が出ない「仕込み期間」

も長くなります。そんな我慢の時代を支えてくれるパートナーが欠かせません。

加えて、このタイプの考えるアイディアは、ホームラン狙いが多く、空振りのリスクが大きい。いくらホームランを打つ力があっても、打率が2割を切れば、チームは負けてしまいます。会社なら倒産しかねません。大谷翔平選手のようなスーパースターでない限り、ホームラン量産と高打率を両立することは不可能です。だからこそ、無駄な大振りをしないよう、反対意見やアドバイスをしてくれる名コーチを隣に置くのです。

ビジョナリー型は、周りが信者やYESマンになりがちなだけに、「暴走させないための経営ガバナンス」が命運を左右します。スタートアップ経営やガバナンスに詳しい、元ゴールドマンサックスでシニフィアン共同代表の村上誠典さんは「ガバナンスとは意思決定の精度を上げる仕組み」だと言います。

「私は前職でSoftbankと長年仕事をさせていただく機会がありましたが、孫さんは皆さんもご存じの通り、カリスマ経営者の代表格です。

仮に対外的に発表されたアイデアが100あったとすると、社内で検討されたものはその100倍以上はある感覚はあります。もしガバナンスが機能していなければ、孫さんはそのすべてを実行していたかもしれません。その中で、何を実行し何を実行しなかったかという結果が、今のSoftbankを形作っているわけです。

その際、孫さんが納得するような意見を言えるようなボードメンバーや外部のアドバイザーがいたからこそ、当然いくつもの失敗もあったとはいえ、あれだけの施策を積極的に実行しながらも、会社がつぶれることなく成長を実現してきたと言えると思います。

そう考えると、カリスマ性の強いリーダーであればあるほど、ガバナンスが機能していることによる効果が出やすいのです。アイデアが数多く出るからこそ、それを取捨選択し、一定のブレーキ機能も果たすガバナンスの重要性が高いと言えます(注28)。

私は、いわゆる〝カリスマ経営者〟と呼ばれる方に会うと、「自分をどうガバナンスしていますか?」と聞くようにしています。家族や親友や師匠と言う人もいれば、共同創業者や社外取締役や経営者仲間と言う人もいれば、顧客や社員と言う人もいます。自分を「ビジョナリー型」と診断した人は、自分ガバナンスを創業初期から意識して整えていきましょう。

手塚治虫にビジネスの相棒がいたら

2つ目は、**技術者・アナリスト型**。HOWとWHATに強いタイプです。このタイプは、エンジニア、研究者、コンサルタント、金融のプロフェッショナルなど、頭のいい人が多いため、うまくテーマやチームがハマると成功率が高くなります。

コンサル出身起業家のエースは、エムスリーの谷村格さんでしょう。12年間のマッキンゼーコンサルタント時代には、医療・ヘルスケア領域で名声を確立し、パートナーに昇格。2000年にソネットの出資を仰いで、ソネット・エムスリーを設立し、そのわずか4年後には上場を果たしています。谷村氏の特徴は、メディアに決して露出しないこと。グーグル検索しても、プロフィール写真すら出てきません。その人物像はベールに包まれています。

ワクワクするビジョンを打ち出す会社ではなく、外から見ると地味ですが、「HOWビジネスモデルを考えるスキル」と「WHAT：商品を開発するスキル」がずば抜けています。国内30万人以上、世界600万人以上の医師が利用するプラットフォームを築き、そこを基盤として、製薬マーケティング、治験、求人転職支援、電子カルテなど、ユニークな事業を次々と生み出しています。2020年度の売上高は1691億円、営業利益は579億円に達し、時価総額は5兆円を突破しています。

技術者型については、日本電産の永守さん以来、どでかい成功例は生まれていません。大学発ベンチャーも増えてきていますが、技術力は高くても、その技術で成し遂げたいビジョンや、顧客への提供価値が弱いため、花開かないケースも散見されます。課題は、自らのWHYを突き詰めることと、ビジネス面のHOWとWHOに優れたパートナーを見つけることです。

日本の偉大な技術系スタートアップは、WHYとWHATを強烈に持った人が（例えば、井深大や本田宗一郎。ちなみに二人は大の仲良し）、ビジネスモデルや金勘定などのHOWとWHOに優れた、実務家、マーケター型の相棒（例えば、盛田昭夫や藤沢武夫）と組んで、大仕事を成し遂げています。

クリエイティブ分野で言うと、宮崎駿と鈴木敏男プロデューサーの関係が理想的です。

圧倒的なカリスマである宮崎さんと、商売として上手く落とし込む鈴木さん（今まで赤字になった作品がないという凄腕です）。二人の関係性は、NHKのドキュメンタリーを見るとよくわかるので、ぜひ見てください（息子の吾朗さんと宮崎さんの間に立って、調整をしていく鈴木さんの凄みがビンビン伝わってきます）。

技術者にしろ、クリエーターにしろ「WHATタイプ」は頑固になりやすいだけに、同じ目線と強度で対等に話せて、耳の痛い忠言もできる相棒が欠かせません。相棒に恵まれないと、どうしてもビジネスが不安定になってしまい、「WHATタイプ」の才能をフルに活かすことができません。

最たる例は、手塚治虫です。手塚治虫は独創的なビジョンと、漫画のクリエイティブに秀でた天才でしたが、HOWやWHOに優れた相棒に恵まれませんでした。

手塚治虫が1961年に設立したアニメーション制作スタジオ「虫プロダクション（旧虫プロ）」は1973年に倒産し、手塚は3・5億円の負債を個人で抱えました。どんぶり勘定経営のツケが回ってきたのです。手塚自身はこう回想しています。

「プロダクション創立以来、虫プロの収支とマンガ家手塚治虫の収支は渾然一体であった。（中略）虫プロが大勢の社員を抱えて今日まで仕事を続けてこられたのは、僕の収入をそのまま、虫プロに回してきたからにもよる（注29）」

その後、ブラック・ジャックの大ヒットなどで華麗な復活を遂げたものの、彼が57歳の頃に収録されたドキュメンタリーNHK特集「手塚治虫・創作の秘密」を見ると、還暦間近になっても、連載や仕事に追われて、徹夜だらけの日々を送っています。「あと40年ぐらい書きますよ。アイディアだけは、バーゲンセールしてもいいくらいあるんだ」と語っているシーンが印象的です。

手塚の仕事量をコントロールしたり、単価を上げたり、IP（知的財産権）をうまく活用したり、手塚を支えるチームを作ったり、近代的な会計システムや経営手法を導入したりする、手塚の右腕がいたら、手塚は60歳より長生きできたのではないかと思えてなりません（彼の病室での言葉として、「頼むから仕事をさせてくれ」が有名です）。

大企業には「WHY型」が少ない

3つ目は、**デザイナー・営業型**です。

世界では、デザインの重要性が急速に高まっており、デザイナーのバックグラウンドを持つ起業家も珍しくありません。アプリなどのソフトウェアビジネスの場合、UIUXデザインのセンスが競争力の核となります。Twitterの創業者であるジャック・ドーシー、Airbnb共同創業者であるブライアン・チェスキー、Slackの創業者であるスチュワート・バターフィールド、ピンタレスト創業者のエバン・シャープなどは、デザインセンスを武器にプロダクトを成長させました。

営業型の起業家も、顧客のニーズを捉えるのが巧みです。今までの人脈を活かして、スタートダッシュをかけることもできます。

この2つのタイプの課題は、永続的な成長につなげるビジョンやビジネスモデルを生み出せるかどうか、です。

例えば、営業力の高い人材を揃えるリクルートは起業家輩出企業として有名ですが、スモール＆ミディアムビジネスが中心で、大化けした例は稀です。デザイナーについても、日本ではまだ経営との距離が遠く、独立しても数名のスモールビジネスとなるケースが大半です。

だからこそ、デザイナー・営業型は自らWHYのビジョンを鍛えるか、WHYタイプと組むと、より力を発揮できるはずです。アップルのデザインの基礎を作ったジョナサン・アイブも、ジョブズというWHYに秀でて、デザインに理解のあるリーダーと組んだからこそ、自らの才能を存分に発揮できました。そこに、HOWの素養を持つメンバーも加わると鬼に金棒です。

デザイナー中心の企業でありながら、WHYとHOWを磨いて、成長しているのが、グッドパッチです。

創業者の土屋尚史さんは、「デザインの力を証明する」というミッションを掲げて、デザイナーのプロ集団をつくりました。UIUX開発、アプリ開発、新規事業立ち上げ、ブランド構築などを、大企業やスタートアップから受注しています。フルリモートでデザイナーがチームを組む「グッドパッチエニウェア」を立ち上げて、デザイナーのネットワークも拡大し、400名を超えるデザイナーを有しています。「デザイナー事務所

＝小規模」という常識を打ち破り、デザイン企業でも、十分に成長できることを証明したのです。２０２０年にはデザイン会社として初の上場も成し遂げました。

ここまでいろんなタイプを見てきましたが、大組織に勤め続けた人は、ＷＨＹがなかったり、弱かったりする傾向があります。大組織に長くいると、上から降ってくる仕事をうまくこなしたり、利害を調整して落とし所を探したりするのは上手くなりますが、「自分なりのビジョンを示す力」はみるみる落ちていきます。

自分はＷＨＹ型だと思う人、ＷＨＹ型になりたい人は、大組織にあまり長くいすぎない方が賢明です。もしくは、ＨＯＷ、ＷＨＡＴ、ＷＨＯのスキルを磨くことに専念して、無理にＷＨＹ型を目指さない方がいいのかもしれません。

以前、スタートアップを知り尽くした起業家の人が「日本の大企業のエースに、起業テーマを与えて実行を任せたら、きっとうまく行く」と断言していましたが、確かにそうかもしれません。大企業エースが持つ「組織力を使って、目的を達成する」力は凄まじいものがあります。そうしたタイプは、テーマを自分で無理に考えずに、マーケットセンスのある人からお題をもらって、実行に邁進したほうがいいように思います。

ちなみに、私はどれかというと、完全にＷＨＹタイプです。そこに、「こんなコンテンツが作りたい、好きだ」というＷＨＡＴを組み合わせた融合型です。好きという感情だけで動いていると言っても過言ではない、単純で大雑把な人間です。だからこそ、ＨＯＷとＷＨＯに優れたタイプのメンバーと組んで、自らが暴走しないように気をつけな

がら、チームを創ることを心がけています（我こそはＨＯＷとＷＨＯの天才だという方がいたら、ぜひご連絡ください）

自分の「3つの価値観」を内省して探る

他にもおすすめの自己診断が3つあります。1つ目は定番とも言える、**ストレングスファインダー**です。トム・ラス氏による『さあ、才能《じぶん》に目覚めよう 新版 ストレングス・ファインダー2・0』は旧版も含めると100万部を超えるベストセラーとなりました。すでに経験済みの方も多いでしょうから、詳細は本書やテストを運営するギャロップ社のサイトをご覧ください。

ストレングスファインダーは、34の資質の中から、自分の5つのストレングスを特定してくれます。私の場合、1 内省、2 学習欲、3 着想、4 戦略性、5 最上思考という、いかにも編集者っぽい結果でした。

私は、編集者やプロデューサーやＭＣとして、常に新しいテーマや面白い人を探しています。一日中、夢の中でも考え続けるくらい常に何かを考えて、自分や他者（読書含む）と対話しています。少しでも時間があれば、スマホで調べたり、本を読んだり、思索に耽ったり、ぼーっとすることができないのです。考えては、学ぶ。学んでは、考える。その繰り返しです。

学び好きが高じて、2020年7月には、プロジェクト型スクールの「NewsPicks

認知の枠の4点セット

認知の枠の4点セットは自分の思考、感情、行動を客観的に捉えるフレームワーク。
認知の枠の4点セットを活用することで、誰もが簡単に自分を客観視できる。

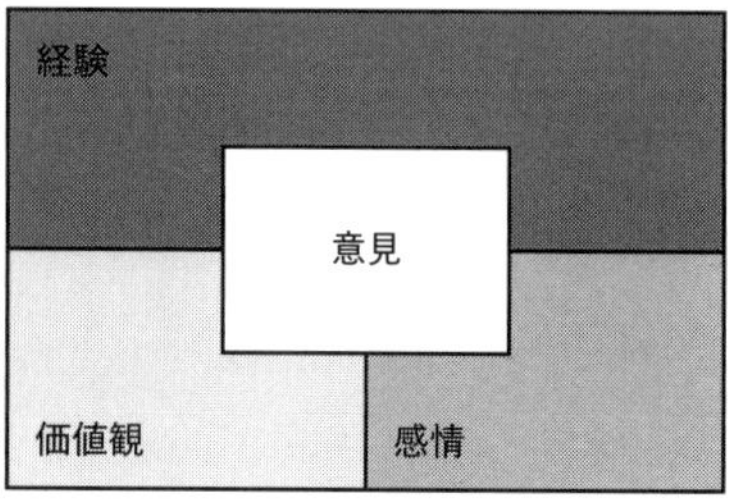

出所）【図解・保存版】自分を知る「リフレクション講座」実況中継（NewsPicks）

NewSchool」を校長として立ち上げて、ビジネスやクリエイティブやテクノロジー分野のトップランナーたちと、最先端のテーマを走りながら学んでいます。こうして、「考える→学ぶ→考える」の往復運動を繰り返していると、自然と新たな着想が湧いてくるのです。

ただし、ぽっと出の思いつきだけでは、企画や事業は実を結びません。そこにリアリズムに則った戦略性を加えることで、着想が立体化していきます。アイディアが走り始めたら、あとはトライ&エラーを積み重ねながら、最上のクオリティへと磨き込むだけです。

こんなふうに、自らのストレングスファインダーの結果を、自身の行動と照らし合わせてみると、自分への理解が深まっていくはずです。

2つ目のおすすめの自己診断は、**リフレクション（内省する力）**です。これは「自己を客観的かつ批判的に振り返る行為」を指します。なんのために振り返るのか？　それは、「自分の考え方＝価値観」を知り、自らの認知の枠を再定義するためです。具体的には、人間の認知とは、右図のような構造で成り立っています。自分の意見の根底にある経験、価値観、感情を見つめ直すことによって、自分を客観視できるのです。

こちらも詳細は、リフレクションの第一人者である熊平美香さんの『リフレクション（REFLECTION）自分とチームの成長を加速させる内省の技術』を読んで欲しいのですが、熊平さんとのワークショップの中身は今も鮮明に記憶しています。

ワークショップではまず「自分が大切にしている価値観」を数ある言葉の中から選びます。自立、影響力、好奇心、勇気、名声など数多くのワードが並んでいる中から、自分に当てはまるものを最初は5つ選び、そこから3つ、最後には一つに絞っていきます。そうして、何が自分にとって最も譲れない価値観かを探っていくのです。

私の場合、最後の3つに残ったキーワードは「自由、創造性、国家」でした。昔から、とにかく束縛されたり、誰かに指示されたりするのが大嫌い。細かいルールも大嫌い。合理性のない校則などは、破りまくっていました。高校時代は、7時半から0時限目の朝講習があったのですが、「朝に弱い夜型人間の私が、こんな時間に起きて勉強しても頭に入らない」ということで、先生と交渉して毎朝の遅刻を認めてもらいました。出版社をファーストキャリアに選んだのも、本が大好きだったのに加えて、毎日スーツを着る必要もなく、髭をはやしても叱られず、出社時間も自由だったからです。

創造性という点では、ルーティンワークが大の苦手です。電話番号を覚えたり、経費を精算したり、役所の文書を提出したり、事務作業が苦手すぎてミスばかりしてしまいます（起業を機に心を入れ替えています）。ルールのない自由な環境で、新しいアイディアや事業を創造していく。そんなスタートアップみたいな生き方が性に合うのです。

自由と創造と共に、国家が入っているのは奇妙に思えるかもしれません。国家と言うと重いのですが、「それは日本のためになるかどうか」ということにどうしてもこだわってしまうのです。日本オタクということです（『日本3・0』という本を書くぐらいですので……）。この3つのキーワードと私の新会社のミッション、ビジョン、バリューはまさに一致しています。

「自分の価値観なんてもうわかっているよ。わざわざリフレクションなんてしなくていいよ」。そう思っているあなたも、ぜひ今一度リフレクションしてみてください。きっと新たな自分の発見があるはずです。

創業経営者の8割は「拡散型」

3つ目のおすすめ自己診断は、**FFS理論**です。

この理論は、教育学と経済学の博士である小林惠智ヒューマンロジック研究所相談役が「ストレスと性格」の研究に基づいて開発したものです。FFSとは、「Five Factors and Stress（FFS）」の略。人間の特性を、「保全性」「拡散性」「凝縮性」「受容性」「弁別性」の5つの因子で定量化し、各人の強みや弱みを明らかにするものです。

FFS理論を用いると、自己理解が深まるだけでなく、他者との違いもはっきりするため、職場でのマネジメントやコミュニケーションに役立ちます。オンラインでも診断できますし、『宇宙兄弟とFFS理論が教えてくれる　あなたの知らないあなたの強み』『ドラゴン桜とFFS理論が教えてくれる　あなたが伸びる学び型』（どちらも古野俊幸著）の本を通して、漫画のキャラクターになぞらえながら、自分のタイプを解明できます。

簡単に5つの因子を紹介しましょう。この5つの因子のうち、自分の数値が高い2、3因子を知ることで、自分のタイプが見えてきます。

保全性　維持しながら積み上げる力。周りと協調しながら動くことができて、組織を創るのがうまい。一方で、安全第一なため、なかなか行動に移せないところも。

拡散性　飛び出していこうとする力。面白いことなら周囲の反応を気にせずにどんどん挑戦していく行動力がある。一方で、飽きっぽいため周りを振り回してしまう。

凝縮性 自らの考えを固めようとする力。明確な価値観があり、ブレない。一方で、自分の価値観に合わないものはなかなか受け入れない。日本人には少ないタイプ。

受容性 無条件に受け容れる力。優しくて面倒見がよく、柔軟性がある。一方で、経験値が少ない場合、周りの要望を受け入れすぎてキャパオーバーになってしまう。

弁別性 白黒はっきりさせる力。ドライに合理的に考えて、物事を都合よく割り切れる。一方で、感情があまり介入しないため機械的で冷たく見られることもある。

この中で特に注目して欲しいのは、「保全性」と「拡散性」です。この2つのうち、どちらの因子が強いかで、その人のタイプが分かれます。保全性、拡散性ともに「好き嫌い」が強く影響しており、生まれつきの性向が強く現れます（他の3つの因子は社会的、後天的な影響が大きいそうです）。

日本人では、保全性の高い人の割合が約65％を占めており、拡散型は約35％しかいません。米国の場合は、その比率が逆転するそうです。自分のキャリアや役割を考える上でも、チームのバランスを考える上でも、「日本人の65％は保全性が高い」ことを頭に入れておくと、正しい意思決定をしやすくなります。「リスクをとって、起業せよ」というアメリカ流のメッセージを繰り返しても、日本では起業があまり増えないでしょうし、保全性の高い人に無理に起業させても、幸せな結末を迎えないでしょう。

業種にもよりますが、一般的に起業に向いているのは、拡散型のタイプです。

ヒューマンロジック研究所の古野俊幸社長によると、創業社長200人以上のデータを分析したところ、拡散性が保全性より高い人が約8割を占めていたそうです。「面白そうなので、リスクをとって挑戦してみよう」という向こう見ずさ。「最初に試したビジネスがうまくいかなかったら、機敏にピボットしよう」という節操のなさ。こうした拡散型の個性は、ゼロイチ型の起業やスタートアップと相性がいいのです。

ちなみに、私の場合、「第1因子　拡散性」「第2因子　受容性」「第3因子　弁別性」という結果で、「起業家の素養あり」とのことでした。これが、私が起業に踏み切った一つの理由でもあります。

ジョブズっぽくなくても、起業家になれる

ただし、日本の場合、拡散型の起業も大事ですが、保全型の起業やスタートアップ就職や新規事業を盛んにした方が、世の中へのインパクトが大きいでしょう。保全型は安心できる環境があってこそ、憂いなくリスクが取れます。

古野さんも、「変革型の強いリーダーシップは、日本人の多くには向かない。日本人に向いているのは『安心感を与えられるリーダー』」と結論付けています。

「心理的安全性を担保するうえでリーダーに求められるのは、自ら決断して率先垂範する強さよりも、メンバーがフラットに話し合える環境をつくり、皆の合意のもと物事を進めていく安心感です。リーダーの役割は、議論を推進するチェアマンに近いのです」(注30)

最近はスタートアップ経営者の中にも、ソフトなタイプが増えています。

会計アプリを提供するマネーフォワードの創業者CEOである辻庸介さんは、腰が低くていつも陽気なリーダーです。自らを「嫌われたくない社長」と呼び、強くて完璧なリーダーではないと明言しています。自らの弱さを曝け出して、「周りの力に助けてもらいながら、チームとしての出力を最大化する」という強みに転換しています。スタートアップもマッチョイズムの時代が終わり、〝柔らかな強さ〟が求められるようになっているのです。

あなたも「自分はジョブズっぽくない」と思って、はなから起業を諦めることはありません。保全型で起業家になりたい人、スタートアップに関わりたい人は、次のようなキャリアが向いているのではないでしょうか。

- **大組織に属して安定的な基盤を持ちながら、社内の新規事業や社内起業という形で起業に挑む（大企業イントレプレナー型）**
- **大企業とスタートアップの合弁会社に出向する**
- **成功確率が高そうな起業家の右腕として一緒に起業する（たとえ失敗に終わっても、**

筋のいい負け方であれば、大企業に出戻ったり、就職先には困らないはず）
・すでに強靭な事業を持ち、よっぽどのことがない限り倒産しないスタートアップに幹部として就職する（スタートアップ幹部型）
・リアルテック、ライフサイエンス、ファイナンスなど、大きな投資が必要であり、規制対応など慎重さや信頼が求められる業種で起業する

逆に、大企業のリーダー層には、より多くの拡散型リーダーが必要です。日本の大企業から新しい事業が生まれにくくなったのは、リーダー層が保全型に偏ってしまったからです。ボストンコンサルティンググループで長らく代表を務めてきた御立尚資さんは、平成期における日本企業のイノベーション停滞をこう分析しています。

「マネージャーは決まったことを一番効率的にやって結果を出す人。リーダーというのは、先が見えなくて何に張っていけばいいかわからない時に、自分の勘を信じて旗を掲げてそちらに持っていく人。マニュアルと予算にないことをやるのがリーダー。しかし、バブル崩壊後にキャッシュが少なくなった企業は、とにかく会社を挙げてマネージャータイプを育てていった。経営者はリスクを取らないで、タイトにやって、バランスシートにキャッシュを貯めていく。そうすれば怒られないという時代だった」

拡散性、起業家タイプの人は今までの日本の大企業では評価されにくかったのです。ただ最近は、アウトサイダー型の人物が大企業の社長になる例も出てきています。今後は、大企業やスタートアップの垣根も徐々に取り払われて、これまでの大企業では評価されにくかった拡散型の評価が上がったり、スタートアップでは評価されにくかった保全型が活躍したりと、リーダーのスタイルが多様になってくるはずです。

②ミッション、ビジョン、バリュー

創業時がぐちゃぐちゃだと、後で直せない

自己分析の次は、「会社のかたち」創りです。

大袈裟に言うと、会社作りは国や宗教を創るのと似ています。会社の「社」の原意は、土地の神様です。神様に会うために、皆が集って共同体ができたように、会社にも教祖や教会や教典に当たるものが要ります。教祖は創業者であり、教会はオフィスであり、経典に当たるものが、ミッション、ビジョン、バリューなのです。

宗教に準《なぞら》えると、「胡散臭いなあ」と感じる人も多いでしょうが、成功している会社は、どこかしら宗教っぽいものです。アップルはジョブズ教であり、アマゾンはベゾス教であり、パナソニックは松下教であり、ソニーは井深・盛田教であり、ユニクロは柳井教であり、ソフトバンクは孫教なのです。

ミッション、ビジョン、バリューは創業時に、カチッと決める必要はありません。事業を成長させていくプロセスで、ゆっくりと輪郭を整えていくのもありです。ただし、ミッションの背骨ぐらいは定めた方が、事業作りやチーム創りにブレやズレが出にくくなります。

成功した起業家の中には、「なんとなくノリで起業した」「友達に誘われて気軽に起業した」と語る人もいますが、ノリでうまくいったのは、単にラッキーだったと捉えた方が無難です。ブームに乗ってなんとなく起業、とにかくお金持ちになりたいから起業というのは、十中八九、負け戦になります。

起業はあくまで手段であって目的ではありません。むしろ今在籍する企業や、他の企業で働く方が自分のやりたいことを実現しやすかったら、そこで全力を尽くす方が、自分のためにも、社会のためにも、会社のためにもなります。人生を賭けて起業するのであれば、できる限りの準備をすべきです。たとえ、計画通りいかなくてもです。

アメリカが世界最強国になれたのも、アレクサンダー・ハミルトンらが起草したアメリカ憲法が優れていたからです。日本が紆余曲折ありながらも近代化に成功できたのは、伊藤博文がまとめた大日本帝国憲法が、欧州に学びながら、日本独自の解釈を加えたクリエイティブなものだったからです。

投資家のピーター・ティールは「創業時がぐちゃぐちゃなスタートアップは後で直せない」というティールの法則を唱えています。「創業者の第一の仕事は、いちばん始めにやるべきことを正しく行うことだ。土台に欠陥があっては、偉大な企業を築くことは

できない」（注31）

「始めが肝心」なのはソフトウェア創りも同じです。優れたアーキテクトが書いたコードはシンプルで美しく、拡張性もあり、時がたっても基盤が揺るぎません。それに対して、凡人が勢いで書いたコードはすぐに賞味期限が切れてしまい、増改築が繰り返されて、やがて負債になってしまいます。だからこそ、創業者やアーキテクトが、初期設定を丹念に設計すべきなのです。

思想・哲学・歴史の教養がモノを言う

日本の場合、創業者などの強いリーダーがいなくなると、すぐに組織がカオス化してしまいます。当事者不在になってしまうのです。筋の通ったコンセプトや思想なしに、各自がそれぞれに筆を動かしてしまい、グロテスクな絵ができあがる――そんな失敗作品が世に溢れています。

なぜ日本の企業では、ミッション、ビジョン、バリューづくりがなかなかうまくいかないのでしょうか？

その根本理由は、「現代日本が、思想的・哲学的に考えて、議論して、表現する文化に乏しい」ことにあると思います。物事を抽象的に、根本的に考える力と習慣が弱いため、具体論を積み上げたパッチワークになりがちなのです。

欧米のエリート層は、高等教育において、アリストテレス、ルソー、ホッブス、トクヴィルといった政治思想の古典を必ず読まされます。サンデル教授の白熱講義のような感じで、哲学も叩き込まれます。「人は何のために生きるのか」「国は何のためにあるのか」といった根源論に慣れているのです（私も留学時に自分は何の基本もわかってなかったんだなと愕然としました）。

だからこそ、世界に通じる普遍性を持ちたい起業家ほど、思想・哲学・歴史を踏まえた上で、ミッション、ビジョンを練り上げなくてはいけません。

これは一見遠回りな営みのように見えて、事業のスケールにもゆくゆくは繋がっていきます。企業は、創業者の器以上にならないとよく言いますが、思想・哲学・歴史は思考の器を広げてくれます。一人だけで考え込まずに、知識人や学者など、ビジネス界の外にいる知性にも力を借りると、豊潤な議論ができるはずです。

最終的に肝となるのは、創業者や創業メンバーの熱であり思いです。頭だけで考えたミッション、ビジョンには魂がこもりません。自分の怒り、コンプレックス、志、夢など、あらゆる感情に向き合いながら、それを言語化し、体系化していく。ミッション、ビジョンとして磨き上げていく。そんなプロセスを通じて、血の流れた、心に響く大義が完成するのです。

ミッションとビジョンの違い

ミッション、ビジョン、バリューの3つのうち、わかりにくいのがミッションとビジョンの違いです。

ミッションとはまさに存在意義です。企業理念と言い換えることもあります。グーグルの場合、自社の使命を「世界中の情報を整理し、世界中の人がアクセスできて使えるようにすること」と定めています。ユニクロのファーストリテイリングは、「服を変え、常識を変え、世界を変えていく」というステートメントを掲げるとともに、使命として次の2つを謳っています。

「本当に良い服、今までにない新しい価値を持つ服を創造し、世界中のあらゆる人々に、良い服を着る喜び、幸せ、満足を提供します」

「独自の企業活動を通じて人々の暮らしの充実に貢献し、社会との調和ある発展を目指します」

ミッションが使命なのだとしたら、ビジョンは目的、目標に近いニュアンスです。ミッションとの大きな違いは、ミッションがよっぽどの節目でもない限り、途中で変わらないのに対して、ビジョンは時の経過とともに変わってもいいことです。時限的なビジョンでも構いません。ビジョンが定性的、定量的に測りやすいものだと、より目標っぽくなります。「世界一のお茶のカフェを創る」というビジョンを掲げれば、売上高、店舗数、顧客満足度など、何らかの指標で測ることができます。ビジョンは、日々の行動にまで落とし込めるもの、5、10年後には達成できる可能性があるようなものにした方が、やる気を引き出しやすくなります。

ミッションとビジョンは似たところもあるので、一緒にしてしまっても構いません。決済プラットフォームとしてデカコーン（評価額100億ドル以上の未上場企業）となっているStripeは「インターネットのGDPを拡大すること」を使命としていますが、これはビジョンとしても計測可能です。現在、グローバルコマースの3％しかオンラインで行われていません。しかし、Stripeという誰もが安価に使える決済プラットフォームを普及させてオンラインコマースの障壁を取り除くことによって、オンラインコマースの比率を引き上げていこうとしているのです。

ミッションの抽象度が高い場合は、ビジョンを別に定めた方が何かと便利です。スタートアップの場合、「世界を変える」というワードをよく掲げますが、言葉の奥底にある深遠さが問われます。「何のために変えるのか」「どう変えるのか」「変えた世界は今よりどうよくなっているのか」など、あらゆる質問に答えられるくらい、「世界」と「変える」の意味を掘り下げる必要があります。そうでないと、よっぽどピュアな人でない限り、すぐには得心してくれません。自分はいい方向に「変える」と思っていたことが、ある人にとっては「悪い方向への変化」かもしれません。この会社についていきたいかを試すためにも、どんな「変える」なのかを示さないといけないのです（その変化は一つでなく、多様であってもいいと思います）。

日本人にとっての「世界」

もう一つ「世界」というのもマジックワードです。特に日本人にとっては、肌感覚に乏しい言葉です。

米国も中国も自分たちが世界の中心だと思っているため、「自国＝世界」のところがあります。自国と世界が理念上はシームレスであり、自国と世界のマーケットも繋がっています。それに対して、日本は、歴史的にも現実的にも世界の辺境ですし、「自分たちは世界の中心だ」というメンタリティはありません。日本と世界を分けて考えてしまいます。それがビジネス上、日本の弱点になってはいますが、日本的なものを全て削ぎ落とすと、ユニークさがなくなって、世界の数多《あまた》のライバルの中でエッジが立ちません。そうした矛盾をどう超克するかが、今後のスタートアップには試されます。

選択肢は主に2つです。一つ目は、完全に「日本」の意識を捨てて、グローバルネイティブの企業として勝負する。テクノロジーやサイエンスの世界は、こちらの戦略の方が人材採用も含めてうまく行きやすいかもしれません。

もう一つは、世界と日本の双方を掲げる。日本での成功を世界に繋げていったり、世界で成功するためのエンジンとして日本を生かす。あくまで国を背負って世界で勝負する、ビジネス版の日本代表のような感じです。後者の方向性を選ぶ会社は、世界だけにフォーカスするのではなく、ミッションやビジョンの中に日本というワードを入れるのもありです。

お手本になるのが、ソニーの設立趣意書です。1946年に創られたものですが、時代と国を超えた普遍性と、祖国への思いを両立させています。

有名な「真面目なる技術者の技能を、最高度に発揮せしむべき自由闊達にして愉快なる理想工場の建設」というメッセージは、世界中の技術者に響くでしょうし、井深大は社会を変える技術、世界初の製品に死ぬまでこだわりました。その一方で、「日本再建、文化向上に対する技術面、生産面よりの活発なる活動」という目的を掲げて、敗戦でボロボロになった日本と日本人を鼓舞しようとしました。盛田昭夫は、日本代表として米国に乗り込み、ニューヨーク五番街にショールームを作り、「世界のＳＯＮＹ」を確立しました。

ユニバーサルな理念と土着な情念。日本と世界の両方を見据えているところに、思想の深さと、視野の大きさと、使命感の強さを感じます。時代背景が今とは異なるにしても、昭和の偉大な企業から学べることは多いのではないでしょうか。

ネットフリックスを成功に導いた「バリュー」

ミッションとビジョンが整ったら、それを現実の行動に落とし込みます。その行動指針となるのがバリューです。倫理や価値観とも言えます。校則みたいな細かいルールではなく、もっと抽象性が高く、ルールを作る際の基準になるものです。

あんまり数が多いと覚えきれないので、3〜5つぐらいに絞るとスッキリするでしょう。例えば、メルカリは社員が10人の時から「Go Bold（大胆にやろう）」「All for One（全ては成功のために）」「Be a Pro（プロであれ）」という3つのバリューを示しています。メルカリが創業当初からバリューを明確化した背景には、他のスタートアップでの学びがあると会長の小泉文明さん（メルカリ以前は、ミクシィでCFOを務めた）は語っています。

「これはミクシィに限らずスタートアップならどの会社でも起きうることですが、プロダクトにはライフサイクルがあるので、良いときもあれば悪いときもある。ただ、悪いフェーズに入ると、社員一人ひとりの価値観や判断軸がブレはじめるんですよね。そうなると一人ひとりが好き勝手にやりはじめ、組織がバラバラになってしまう」(注32)

バリューを明確にしておくと、採用でのミスマッチも避けやすくなりますので、初期に設定するのがおすすめです。

面白いのが、ネットフリックスの「ノー・ルールズ」です。ルールを作らないということ自体を、行動指針にしているのです。ただし、単にルールを作らないわけではなく、ルールがなくても自律的に動けるよう、「業界最高水準の報酬を払い一流の人材のみを採用する」「スポーツチームのように結果を出せない人はクビにする」「不正があったらすぐに解雇する」「情報をオープンに共有し、本音で語る」などの方針を徹底しています。カルチャーや解雇規制など労働法制が異なる日本で同じことを行うと物議を醸しそうですが、参考にはなります。

ネットフリックス躍進の背景には、ストリーミングモデルの開拓、コンテンツへの大胆な投資、サブスクモデルの成功などの要因がありますが、根底にあるのはユニークなバリューに基づいた組織・人事戦略です。このバリューがあったからこそ、最高レベルの人材を採用して、ライバルを突き放すことができたのです。

強いバリューは、強い組織を生み出します。ぜひ起業する人は、バリューをとことん考え抜いてみてください。

ここまで、偉そうに語ってきましたが、私自身もおよそ6カ月間、ああでもない、こうでもないと思索しながら、次のような「ミッション、ビジョン、バリュー」を定めました。社名のPIVOTは、スタートアップやバスケットボールで使われる言葉で、「方向転換」を意味します。今こそ、国も地域も企業も個人も方向転換しなければならない、という思いを込めました。新会社ではピボットを後押しするようなコンテンツを創り、日本の社会や企業や個人のピボットを加速させていきたいと考えています。

PIVOTのミッション　経世楽民《けいせいらくみん》

経済の語源である「経世済民」は「世を治めて、民を救う」という意味ですが、「民を救う」というのは、今の時代におこがましい。PIVOTが目指すのは、「人々が人生を楽しめるような経済社会を創ること」。経世楽民の実現が我々のミッションです。

PIVOTのビジョン　コンテンツの力で、経済と人を動かす

今は、世界も日本も地域も企業も個人もピボットすべき時代です。ただ、知識だけでは経済も人も動きません。経済人の心と魂に訴えかける「熱量のあるコンテンツ」を通じて、行動を誘い、よりよき未来を紡いでいく。それがPIVOTのビジョンです。

PIVOTのバリュー　ハングリー&ノーブル

尽きることのないハングリーさを持ちながら、ノーブルな公共精神を抱いて、新時代を切り拓いていく。そんなハングリー&ノーブルな起業家を増やすことが、よりよき経済社会を創るためには不可欠です。そんな価値観を我々も体現していきたいと思います。

③事業づくり、プロダクトづくり

起業において一丁目一番地は、事業創りです。どんなに自己分析を丁寧に行い、立派なミッション、ビジョン、バリューを整えても、事業がいまいちだったら絵に描いた餅になります。事業創りについては、数え切れないほどの書籍やノウハウが世の中に出ていますので、メッセージを3つに絞ります。

一つ目は、**得意分野に集中することです。**

そんなの当たり前だと思われるでしょうが、人間はついつい新しいことに手を出したくなるものです。特に、私のような拡散型の飽きっぽいタイプはなおさらです。しかし、起業や新規事業はただでさえ勝率の低いゲームです。門外漢のところに手を出すと、成功確率は一気に下がります。

ドイツで1849人の創業者を研究したBruderlのレポートでは、「業界経験なしでビジネスを立ち上げることは、破滅する確率を一気に高める」という結論が出ています。逆に、業界特有の経験があると、スタートアップが失敗する確率が33・2％減少し、シード投資が受けやすくなり、雇用の伸びも大きくプラスに引き上げられるそうです。

もちろん、先入観がない新参者だからこそ、異業種の課題に気づくこともあります。そんな場合でも、業界のプロを水先案内人として創業チームに入れるなどして、リスクはできる限り下げるべきです。特に日本は各業界がタコ壺化しており、業界独特のルールや人間ネットワークができあがっています。そこにいきなり丸腰で乗り込むと、完膚なきまでに叩きのめされてしまいます。プロの世界は甘くないのです。

実は私自身も、新会社の事業として、一時期は、メディアではなく、ファンドを作ろうとしたことがありました。自らが発掘した起業家にシード投資を実施した上で、ブランディングやプロモーションなどのサポートを行い、企業価値を上げていくというアイディアです。

しかし、メンターであるデロイトトーマツベンチャーサポートの斎藤さんに「佐々木さんの特技はメディア・コンテンツ創りなのに、ファンドを作っても意味がない。日本のメディアを変えられるのは佐々木さんぐらいしかいないのだから、メディア領域で挑戦すべきだ」と諭されて、目が覚めました。自分の強みをいつの間にか見失っていたのです。ついついビジネスモデルのことを考えてばかりいると、テクニック論に走ってしまうことがありますので、皆さんも気をつけてください。一世一代の勝負をするなら、自分の特技にとことんフォーカスすべきなのです。

プログラミングを学ぶ3つのメリット

得意分野を選ぶべきなのは、業界だけではありません。スタートアップの最大のリソースは創業者の時間です。その時間を注ぎ込む分野も、得意技に引き寄せるべきです。もしあなたがカリスママーケターであれば、マーケティングに打ち込むのがいいですし、敏腕のソフトウェアエンジニアであれば、プロダクト創りに集中した方がいい。アプリやウェブやサービスを自ら創れるのは大きな強みになるでしょう。

日本では、創業者はコードを書かずに、右腕のCTOにプロダクトを作ってもらうことも珍しくないですが、今後は「自ら手を動かして、プロダクトを創る」CEOが増えてくるでしょう。そうでないと、ミッション、ビジョンと一体化したとんがったプロダクトはなかなか作れないからです。ザッカーバーグは自らFacebookのコードを書きましたし、ジャック・ドーシーもプログラミングやデザインを独学で学んで、Twitterを創り上げました。

最近、現役東大生の起業家や、起業希望者のグループと対話する機会がありました。その中で、自らの開発プロダクトの失敗について、見事なプレゼンをしてくれたエンジニアの学生がいました。ただ、彼のポジションがCTOだったので、「それだけ腕がよくて、意欲があって、プレゼンもうまければ、CEOになった方がいいのでは」と思わずアドバイスしてしまいました。もちろん、たかが肩書きですが、CEOの方がCTOよりも、持株にしろ、会社の影響力にしろ、断然に大きいのが通例です。日本のスタートアップでは、バリバリのエンジニア出身起業家は限られますが、一流のエンジニアこそ、経営を司るリーダーになるべきです。

非エンジニアも、プログラミングを丸投げして、ブラックボックスにしない方がいいでしょう。私が感嘆したのが、ロボアドバイザーによる資産運用サービスを行う「ウェルスナビ」創設者の柴山和久さんの創業ストーリーです。柴山さんは、エンジニア経験ゼロにも関わらず、1カ月間、プログラミングスクールに通って基礎を身につけ、自らプロトタイプを作成。そのURLをベンチャーキャピタルに送ったことから、出資が決まったそうです。

柴山さんは自らプログラミングを学ぶメリットを3つ挙げています。（注33）

第一に、顧客からのフィードバックを即座にプロダクトに反映することができること、第二に、CEO自らが手を動かしてプロダクトを作ることが、いいチームの組成につながること、第3に、エンジニアコミュニティの中に入っていけることです。テクノロジー、プロダクトドリブンの事業を行う経営者にとって、柴山さんのストーリーは大きなヒントになります。

米国か中国にロールモデルは必ずある

2つ目は、**徹底したリサーチ**です。これも当たり前だと思われるでしょうが、これを緻密にやっている人は意外とレアです。ついつい先走って動いてしまい、後で「これはすでに過去トライして失敗していた」と気づくのです。

自分が構想している事業と似たことを考えている人は、世界のどこかに、歴史上のどこかに、ほぼ必ずいます。だからこそ、参考になるケースを探して、研究しまくるのです。これは、孫さんが得意とするタイムマシーン経営でもありますし、ヤフーCOOで投資家としても知られる小澤さんの思考法でもあります。小澤さんはこう述べています。

「僕は仮説づくりと言っているけど、ある領域の事業に進出しよう、あるいはうまくいってないものを立て直そうというとき、大抵世の中には、既にうまくいっている会社があるわけです。そこで、うまくいっているケースを世界中から5社ぐらい見つけて、具

体的に調べていく。すると、見えてくるものがあるんです」(注34)

小澤さんは楽天球団の立ち上げの事業リーダーとして、1年目から黒字化したことで知られていますが、球団ビジネスのヒントを探るため、大リーグなど世界中の成功例を調べたそうです。日本の場合、特にデジタル、ソフトウェア領域は世界に遅れをとっていますので、デジタル先進国の米国や中国にはロールモデルがほぼ確実に存在します。

日本人はシリコンバレーへの憧れが強いため、米国のモデルはよく調べますが、中国は手薄です。最近は、『世界最速ビジネスモデル 中国スタートアップ図鑑』(井上達彦、鄭雅方著)、『中国オンラインビジネスモデル図鑑』(王沁著)など、中国の最新事情を記した日本語の良書も出ていますので、ぜひ参考にしてみてください。

いったんロールモデルを見つけたら、上場企業であれば財務諸表を分析することもできますし、ウェブや本などの情報を読みまくることもできます。英語の情報の方が圧倒的に豊富なため、できれば原文がいいですが、英語が苦手な人は、翻訳書・翻訳記事やグーグル翻訳をフル活用すれば、大枠の知識を得られます。

さらにもう一歩進んで、ロールモデルとなる企業の社長や社員と直接会って、自らの仮説をぶつけられるとベストです。ビズリーチを運営するビジョナルCEOの南壮一郎さんは、ビズリーチのモデルとなる個人課金型の転職サービス「ラダーズ」を研究すべく、社長にメールを送り、わざわざニューヨークまで突撃訪問しています。ビズリーチ成功の裏には、彼のしつこいまでのリサーチ力と行動力があるのです。

スタートアップはニッチ一本勝負

3つ目は、**とにかく自分や誰か一人が欲しいものを創ること**です。自分の得意分野が定まり、世界の成功例を知り尽くすと、準備万端と言いたいところですが、情報が多すぎると逆になかなか動けなくなるものです。

もっと成功確率を上げたくなって、詳細なマーケットリサーチ、顧客ヒアリングまで始めてしまったりします。しかし、それはやりすぎです。自分の得意分野で、世界の例も調べ上げたら、きっとあなたの中に「これをぜひやりたい」「このサービスやプロダクトなら、欲しい人は必ずいる」という確信めいた仮説が生まれているはずです。となれば、まずはとにかく動き始めた方がいい。事業を作りながら、顧客に使ってもらいながら、仮説を検証していけばいいのです。

この考え方を方法論に落とし込んでいるのが、マーケターの西口一希さんです。西口さんは、P&G出身の敏腕マーケターであり、ロート時代は肌ラボを100億円超のブランドに育て、ロクシタンジャパン社長として最高売上高を記録し、スマートニュースCMOとしてアプリランキング1位を達成した「成長請負人」です。大企業、スタートアップ問わず、数多くのサービスやプロダクトを成長させてきた西口さんは「スタートアップはニッチ一本勝負でいくべき」と断言します。

「ゼロからブランドを創る場合は、非常に強い独自性と便益がなければ心に入らないので、超ニッチに尖らせていく。矛盾めいて聞こえるかもしれませんが、最終的に広げるために、ニッチから絶対に逃げてはだめだということです。ニッチじゃないと、絶対広がりませんから。もちろん、ニッチで始まり、ニッチで終わる可能性もありますが、そのリスクをとってでも、ニッチにいった方がいい」(注35)

そして、最初にニッチを創るときは、リサーチなどはせずに、自分の思い込みで突っ走っていいと言います。

「よく『自分の思い込みでしょう』『あなたが欲しいだけでしょう』という話が出ますが、それでいいんですよ。強烈にニッチであれば。自分だけが気に入るものを創ると、それをいいと言う人が、必ず世の中に10万人、100万人、いたりするんですよ。

一方、その人にも、この人にも、あの人にも気に入ってもらえるものを創ろうとすると、共感する人は少なくなっていくのです。自分が好きなものは、世の中で完全に初めてのものである必要はありません。ターゲットとする人にとって、初めてで、独自性があればいいんです」

つまりは、まずは超ニッチでスタートダッシュをかけていく。そして、次のステージの成長が必要になった段階で、より体系的なマーケティングに切り替えるということです。創業期と成長期でアプローチを変えていくのです。

「ただ、0→1で成功したら、すぐに競合が摸倣してくるので、いちはやく1→10、10→100、100→1000とスケールするために、マーケットの顧客構成をしっかり見極めて顧客セグメント別のマーケティングを強化すべきなのです。その時も、やみくもにテレビCMを打つのではなくて、きちんと顧客の構成である戦略マップを創って、戦略的にスケールさせていくことが大事になるのです。スタートアップでうまくいっている会社は、メルカリにしても、ラクスルにしても、全部、ターゲット顧客の変化を冷静に見極めながら、拡大局面でTVCMで一気に投資してスケールさせています。

この戦略マップを用いた方法論については、西口さんの著書『実践 顧客起点マーケティング』に詳しく解説されていますので、ぜひ参照してください。

Airbnb創業者が語る「最も重要な教訓」

ニッチを狙うというのは、最初から「スケールできるかどうか」をあまり考えすぎないということでもあります。目の前の顧客を深く知るのが先決です。Airbnb創業者のブライアン・チェスキーは、起業家として学んだ最も重要な教訓として「スケールしないことをやれ」を挙げています。

Airbnbの創業から1年半ほどで、毎日の予約数が10〜20件だった時代に、インキュベーターであるYコンビネーター共同創業者のポール・グレアムと交わしたやりとりが示唆に満ちています。(注36)

ポール「君たちのビジネスはどこにあるんだ?」

私「どういう意味ですか？」
ポール「トラクションは？」
私「あまりありません」
ポール「でも、使っている人たちがいるだろう？」
私「ニューヨークには何人かいます」
ポール「ユーザーはニューヨークにいるのに、君たちはマウンテンビューにいるわけだ」
私「ええ」
ポール「どうして？」
私「というと？」
ポール「ユーザーのいるところに行け」
私「行ってどうするんです？」
ポール「ユーザーのことを知るんだ。一人一人顧客を捕まえてこい」
私「でも、それではスケールしません。Airbnbが大きくなって、ユーザーが何百万人にもなったら、全員に会うことなんてできません」
ポール「だから今、会いに行くんだ。まだ規模が小さくて、ユーザー全員に会えるのは今だけだ。直接話をして、彼らのニーズを聞いてこい。100万人がまあまあだと思ってくれるよりも、100人に愛されるほうがいい」

このやりとりの後から4カ月間、彼らは西海岸のマウンテンビューから東海岸のニューヨークへの往復生活を始めます。「プロのカメラマンが部屋を撮影する必要がある」という口実を使って、全ホストの家を訪ね歩いたのです。当時の経験から得たものを、チェスキーはこう振り返っています。

「何かを10人に大好きになってもらうのだって、簡単なことではありません。知らない相手ならなおさらです。でも、相手と長い時間を過ごすと、そんなに難しくない。だからすごいものを作りたいなら、ターゲットと長い時間を共にすることです。

そうやって考えていくうちに、私たちが目指すのはエクスペリエンスのデザインだということに気がつきました。ネットワーク効果をビジネスにしているスタートアップのプロダクトは、完璧なエクスペリエンスを設計し、それをスケールするという2段階からなる。

そしてこの2つをやるために必要なスキルはまったく異なります。エクスペリエンスをスケールするのは、高度な分析を要する作業で、テクノロジーベースの課題です。

これに対して、エンドユーザーのエクスペリエンスをデザインする作業は、もっと直感に基づく、人間的で、共感的なものです。だからユーザーのことを知る必要があるのです」

④パートナー探し・チームづくり

創業者は一人がいいか、複数がいいか

事業づくりとチームづくりはセットです。まずチームを創って事業を考えるパターンもあるでしょうし、事業を考えてから最適なパートナーを探すこともあるでしょう。ともかくにも、成功を左右する最大のファクターは、創業メンバーであり、初期のチームづくりです。

まず直面するのは、「一人で創業するか」「二人以上で共同創業するか」という問いです。結論から言うと、できるだけ複数で創業した方がベターです。

スタートアップを起業する創業者としての条件を完全に満たす人はほとんどいません。どんなスーパーマンでも1人でできることは限られます。いいチーム無くして、いい起業なしです。

それはデータでも実証されています。『起業家はどこで選択を誤るのか』（ノーム・ワッサーマン著）によると、ハイポテンシャルなスタートアップを対象とした調査において、二人の創業が最多です。一人でソロ起業した割合は、テクノロジー業界で17・5％、ライフサイエンス業界は11・7％しかいません（図参照）[注37]。

テクノロジー業界、ライフサイエンス業界における創業チームの人数

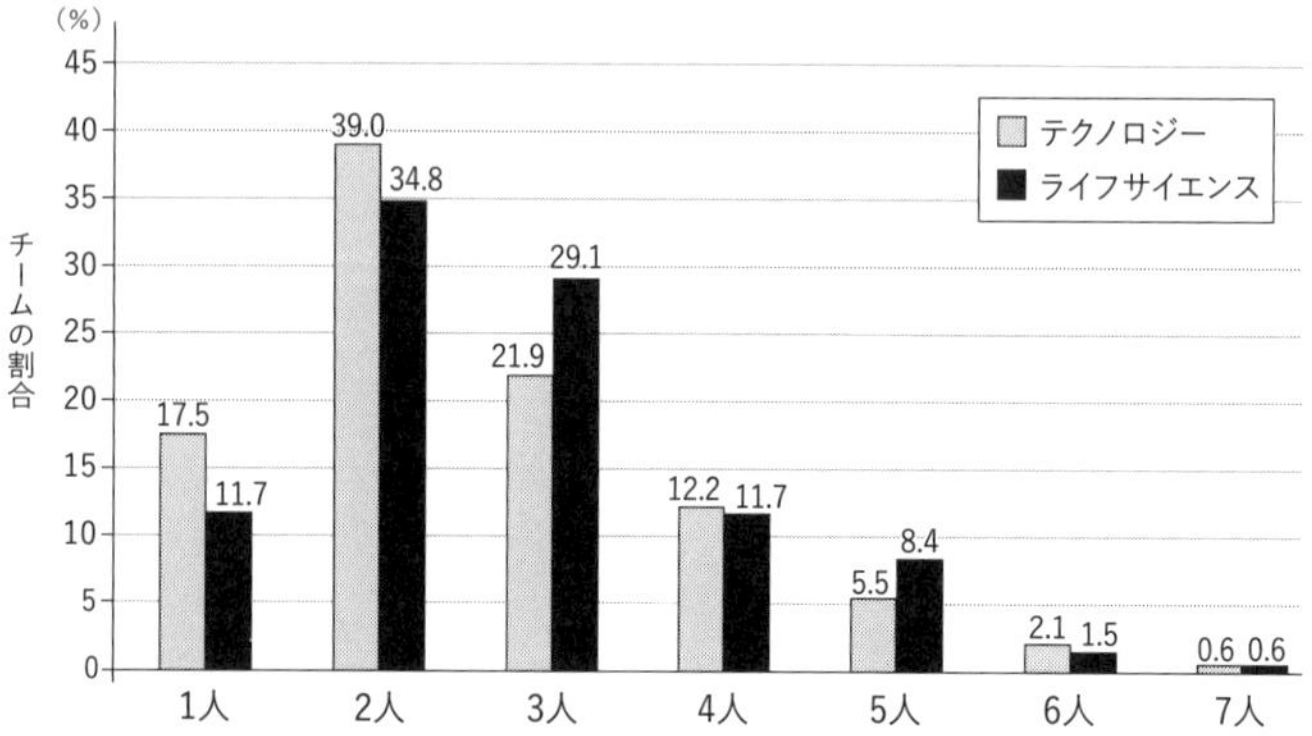

出所）『起業家はどこで選択を誤るのか』

数多の起業家を見てきたYコンビネーターのポール・グレアムも、創業者に求めるものの一つとして、「友情」を挙げています。

「経験的に、創業者1人でスタートアップを始めるのは困難であることが分かっている。最も大きな成功を収めたスタートアップのほとんどは2人か3人で始められている。そして創業者の間の絆がとても強い。相棒のことが心から好きで、一緒にうまくやっていける必要がある。スタートアップにとっての創業者間の絆は、犬にとっての靴下のようなものだ。引き離せるものであれば、引き離されることになる（注38）」

すなわち、チーム創りにおける最重要テーマは、心から信頼できる相棒を探すことなのです。

最優秀人材をリクルート担当に据える

共同創業者が固まったら、次にやるべきは幹部人材などコアメンバーのスカウトです。

スタートアップの幹部人材スカウトなど、スタートアップの人材支援を行うFor Startupsという上場企業があります。同社の創業者であり、カリスマヘッドハンターでもある志水雄一郎社長は、「スタートアップの成否を分けるのは、CTOなど幹部人材を採用できるかどうか。経営チームを作れるかどうかに尽きる」と強調します。

第2章でも記したように、国内外でスタートアップに流れるお金が飛躍的に増えています。日本でも、ポテンシャルのあるスタートアップであれば、投資家はわりと簡単に見つかります。起業家側が投資家を選べます。お金がコモディティー化しているのです。しかしながら、スタートアップの幹部人材、エンジニア人材は慢性的に不足しています。その点は、転職が当たり前で、中途人材マーケットに優秀な人材が溢れている米国や中国とは大きく異なるところです。

だからこそ、トップが率先して採用に取り組むとともに、採用・人事の優先順位を高めなければなりません。ベンチャーでありながら、いち早く大量の新卒採用を開始し、高給を提供し、インド・中国など海外採用を強化したワークスアプリケーションズ前社長の牧野さんはこう言います。

「採用に力を入れなければと思ってはいても、『無茶な給与は払えないし』『そんなに人をいっぱい採ってもしょうがないんじゃないか』と二の足を踏んでしまっています。

そこで悩むのは大きな間違い。人材のレベルの高さで、あなたの会社の10年後が決まるんです。その段階のベンチャーこそ、人材に投資をすべきでしょう。

私は、相談に来た経営者には必ず『営業や開発の責任者と同じくらい優秀な人間を、リクルーティング責任者に配置しろ』とアドバイスしています。もしくは、自分に自信がある社長は、自ら全力でリクルーティングをやるべきだ、と」(注39)

では、どうすれば採用力を上げて、最強チームをつくりやすくなるのでしょうか。

私の考えるポイントは5つあります。

1）スタートアップの外からもエース人材を引き込む

私もスタートアップ業界で7年近く過ごして、数多くの面接を行ってきましたが、スタートアップ業界をグルグル回っている人材が珍しくありません。すなわち、層が薄いのです。大企業からの転職は増えてきているものの、ベスト&ブライテストはまだ動いていない印象です。今後、日本のスタートアップがステージを上げるには、大企業のエースクラスを引き込まないといけません。

その成否を分けるのは、つまるところ、収入レベルです。現時点でも、今いる会社にうんざりしたり、スタートアップで若くして責任ある仕事をやりたいという人は少なくありませんが、日本のスタートアップはまだまだ年収が低いため踏ん切りがつきません。大きなリスクに見合わないのです。

たとえストックオプションをもらえたとしても、独身ならまだしも家庭がある人にとって、現職からの大幅な年収ダウンは辛いところです。家族からブロックされるのも止むを得ない面があります。だからこそ、「夢を熱く語って採用する」という根性論だけでなく、「安心感を持って挑戦できる条件を整える」という現実論に目を向けるべきです。創業者の熱烈な口説きだけに頼ってはいけません。結婚と同じで、出会った時の熱情だけでは、良好な関係は長く続かないのです。

本書で、報酬などお金の話をふんだんに盛り込んだのは、やっぱりお金のあるところに優秀な人材が集まるからです。仕事というと、「やりがい」か「報酬」かの二者択一で考えるところがありますが、みんなその両方が欲しい。ワクワクと報酬を兼備した仕事こそが「ドリームジョブ」であり、そこに同時代のベスト&ブライテストが群がってくるのです。

米国が繁栄し続けているのは、次から次に若者を魅了する「ドリームジョブ」が誕生するからです。過去30年で言うと、シリコンバレー、ハリウッド、ウォール街。言い換えれば、テクノロジー、コンテンツ、ファイナンス、という21世紀ビジネスの中核をなす領域において、「稼げて楽しくて、インパクトがデカい仕事」があふれているのです。今後は、この3領域に、ライフサイエンス、脱炭素などのSDGs分野を加えた5領域に世界のエリートは集結するはずです。

日本では、この5分野のいずれにおいても大企業の競争力はさほど強くないため、スタートアップにも採用マーケットにおいて勝算はあるはずです。

2）異文化・外資系の経験を重視する

スタートアップは、会社により違いはあれども、典型的な日本の大企業とはカルチャーが対極にあります。たとえば、次のようなコントラストです。

平均年齢高い→平均年齢低い
上位下達→フラット
紙文化→デジタル文化
年功序列→成果主義
スーツ→Tシャツ
ウィンドウズ→マック
根回し→即断即決

スタートアップはコミュニケーションも雑で、放置プレーの会社も多いため、日本企業の純粋培養で育ってきた人は、高い確率で適応に苦しみます。そんな例を多く見てきました。スタートアップが、古い日本企業の生え抜きで、転職経験のないまま10年以上過ごしている人材を採用すると、大火傷する可能性も高い。お互いにとって幸せな結末とはなりません。

大組織でも、相性が比較的いいのは、外資系出身者です。外資系企業も十把一絡げには語れませんが、年功序列が薄く、成果主義的で、デジタルカルチャーが日本企業より浸透している点では、スタートアップと重なります。外資系の場合、本社の命令は絶対ですが、それはスタートアップでいうオーナー・CEOのようなものです。女性の活躍度で言うと、スタートアップは男社会の色が強いですので、外資系の方が断然進んでいます。

スタートアップはとにかく変化が激しく、成長するにつれて、組織の形も6カ月おきくらいに変わっていきます。成長期の人間と同じです。だからこそ、地方から東京に上京したり、海外で暮らしたり、留学したり、職場を変えたり、起業したり、変化への対応力がある人でないと、なかなかついていけません。とにかく適応力が問われるのです。

3）念入りなリファレンスチェックを行う

スタートアップは創業者によるカルチャーの色が濃く出ます。合う、合わない、が激しく分かれるのです。だからこそ、ミスマッチを避けるためにも、相性の見極めには互いにしっかり時間をかけるべきです。

マッチングで精査すべきは、ビジョン、スキル、カルチャーの3つです。このうち、ビジョンのマッチ度は、ある程度わかりやすい。こちらがビジョンを明確に示せば、相手も自分が共感するかどうかはわかります。わざわざ自分のビジョンと合わない会社に入ろうとする人は少ないでしょう。

難しいのは、スキルとカルチャーです。これは面接でもなかなか見抜けません。いくらその人が「自分はデジタルマーケティングのプロである」「CTOに相応しい素養がある」「あのヒットプロダクトを自分が発案した」と言っても、確たる根拠がありません。本当に仕事ができる人なのか、面接で強調している実績が本物なのか。それを確かめるためにもリファレンスチェックが不可欠です。

リファレンスチェックとは、中途採用時に、候補者の前職での仕事ぶりや人柄などについて関係者に問い合わせることです。その人の実力は、一緒に働いたことのある人が一番わかっています。その人はチームプレーヤーなのか、自走できるタイプなのか、口だけでなく手が動く人なのか、部下や上司に対してどんな態度をとる人なのか。それを調べるだけでも、ミスマッチを予防できます。「リファレンスをとるのは常識だろう」と思うかもしれませんが、スタートアップは常に人不足で、猫の手も借りたいくらい忙しいため、ついつい勢いで採用してしまうことがあるのです。

それに加えて、リファレンスチェックが大事なのは、過去の不正を隠している人がたまにいるからです。「経費の不正利用で懲戒を受けていた」など、いわく付きの候補者は珍しくありません。スタートアップの場合、懲戒処分などで大企業にいづらくなった人が流れてくる例もありますので、要注意です。スタートアップは組織が小さいだけに、問題社員を一人でも雇ってしまうと、組織が致命傷を負ってしまいます。

創業当初は、大外れを避けるために、創業メンバーの知り合いや紹介でしか採用は行わない、というやり方も考えられます。人柄や過去の仕事ぶりも把握しているため、ミスマッチの可能性を下げることができますし、候補者側も気心が知れていて、スタートアップに飛び込む不安が和らぐでしょう。紹介であれば、エージェントへの仲介手数料を払わなくていいので、資金も節約できます（仲介手数料は年収の3〜4割が相場です）。望むらくは、短期間でもいいので、副業扱いで仕事を一緒にすると相性を確かめやすくなるはずです。

4）ワークライフバランス重視型を採用しない

ここ数年で、日本も「ワークライフバランス重視」が当たり前になりました。残業の多い企業はブラック企業と揶揄される時代です。その波はスタートアップにも到来し、毎晩深夜まで働くといったモーレツカルチャーは弱くなってきました。特に上場を目指すスタートアップは、労務管理に神経を尖らせるようになっています。

スタートアップは、マラソンのような長い道のりです。あまり飛ばしすぎると、途中でばててしまったり、心身を病んでしまいます。バーンアウトしないためにも、肉体・精神両面でのコンディショニングは大切です。

しかしながら、追求すべきは「毎日9時〜5時で働く」といった紋切り型のワークライフバランスではありません。大事なのは、時間よりも密度。ワークもライフも充実させるために、戦略的に休息を取りながら、時間当たりの生産性をアップしていくという、プロアスリートのようなスタイルです。いわば、ワークとライフが溶け合って、境目がなくなっている感覚に近い。寝ても覚めても、ワークのことが頭の隅にある。それくらいの集中力を発揮しないと、大成功するスタートアップは創れません。

とりわけ、創業初期のスタートアップに参画する場合、カオスの中で、プロアスリートのような創業メンバーたちとともに働く覚悟を求められます（もっとゆるいスタートアップもたくさんありますが、それでは勝てないでしょう）。

ですので、ワークライフバランスを重視する人は、初期のスタートアップには入らない方がいいですし、企業側も採用しない方がいいでしょう。「このスタートアップは、フラットで自由で働きやすい」といった動機で入社すると、会社側が求めることと齟齬《そご》が生じて、お互いにとって不幸になるからです。

スタートアップも成長して、強い収益源ができて、内部統制が整ってくれれば、ライフや福利厚生を充実させる余裕も出てきます。しかし、産声を上げたばかりで、いつ死ぬかわからないスタートアップでは、全身全霊で事業に打ち込まなければなりません。ワークライフバランスが充実していても、会社が倒産してしまえば、ワーク自体がなくなってしまい、ライフにも支障をきたしてしまいます。

5）若さを大事にしながらも、過大評価しない

テクノロジーのさらなる発展、ＳＤＧｓのさらなる浸透、グローバル化のさらなる進展。こうしたビッグトレンドは、若者に有利に働きます。体力があって、デジタルリテラシーが高くて、時代を感じるセンスがあって、自分の好きなことをできる時間も豊富にある。そうした若者は、大変化の時代には格段に有利です（特に日本のように古い体制が長く続いて、今後の変化率が大きい社会においては）。

20代から起業するのもいいでしょうし、20代に大企業やスタートアップで経験を積んでから、30代から起業するのもいい。以前に比べて、自由度は高まっています。

スタートアップ側にとっても、若い才能をどう惹きつけるかが勝負どころです。日本では中途採用のマーケットには、エース級がなかなか出てきません。それだけに、人材のクオリティで大手に勝つには、新卒など若手採用がカギを握るのです。過去、日本で伝説を創ったスタートアップは、新卒採用でユニークな色を出しています。

リクルートは、創業間もない１９６４年、一流企業の初任給が2万円の時代に２万７５００円を出して、若者を惹きつけました。現場で活躍する人材を獲得するため、優秀な高卒、女性社員を積極的に雇い、実力勝負で大卒社員と競争させました。男女雇用機会均等法が施行される10年以上前からです。知名度を高めた後も、東大のエリート学生を採用しつつも、「地方、貧乏、野望」をキーワードにハングリーな学生を採用して、うまく競争させました。

ソニーもベンチャーで有名大学の学生がなかなか取れなかった時代に、「学歴無用」「出る杭求む」と打ち出して、家庭の事情で大学進学を泣く泣く諦めた、野心と実力のある高卒社員を惹きつけました。(注40)

近年の顕著な成功例は、サイバーエージェントです。離職率30％の暗黒時代を経て、新卒採用を強化しました。実力主義型終身雇用を掲げて、「素直で、いいやつ」を採用基準としています。同社の藤田社長はこう語っています。

「サイバーエージェントは新卒採用に力を入れていて、一緒に働きたいと思った人を1から育成することを最重要視しているのですが、そうなった理由の一つとして、キャリアがある人の採用は難しいからです。キャリアがある人を採用しようとすると、これはビッディングみたいなもので、より高い報酬・待遇を提示したところが有利になります。これがグローバルな競争になるとより顕著です」(注41)

創業初期のスタートアップは、新卒を一から育てる余裕はないでしょうが、ある程度の土台ができたら、新卒マーケットで最優秀層獲得に全力投球するのはありです。今は優秀層の多くが外資系のコンサルティング企業に就職しますので、そこから若手人材を引き抜くのもいいかもしれません。

最後に、おじさん臭いことを言うと、若さは強みになるからこそ、そこを過大評価しすぎないことも大切です。経営全般の能力や、営業力、組織構築力、人心掌握力、人脈のネットワークなど、経験知が高い方が有利な分野もたくさんあります。若ければいい、という単純な話ではありません。

グーグルも、若き創業者を支える役割として、ベテランのエリック・シュミットが会長として入社したことによって、大人の会社になりました。ソニーの発展期にも、宮内庁長官を務めた田島道治が会長として、お目付役を務めました。若い勢いと、経験に裏打ちされた成熟。ハングリーな挑戦者と、ノーブルなエスタブリッシュメント。このベストミックスを創れるかどうかが、経営者の腕の見せ所です。

⑤資本政策・ファイナンス

事業のアイディアが定まって、いいチームができた。その次に必要なのは、会社を動かすガソリンであるお金です。事業を立ち上げる人間にとって、ファイナンスは最重要科目です。起業の場合、お金の切れ目が、事業の切れ目になってしまいます。起業家がファイナンスと向き合う際のポイントを5つ紹介します。

(1) 丸投げせず、自分でしっかり勉強する

ファイナンスに苦手意識がある——そんな人こそ、ファイナンスの基礎をいますぐ勉強しましょう。ファイナンスは専門性が高いため、プロに丸投げしたくなってしまいま

すが、ファイナンス音痴が起業するのはあまりに危険です。CFOを最初から置くのもいいですが、ファイナンスは会社の命運を大きく左右するため、創業者がしっかり知識を携えるべきです。

スタートアップファイナンスの名著『起業のファイナンス』の著者である磯崎哲也さんは「日本のベンチャーの失敗はほぼファイナンスにある。日本のベンチャー繁栄の鍵はファイナンスにあるといっても過言ではない」と喝破しています。

私自身もファイナンスに詳しいわけではありません。学生時代に会計の勉強をしたり、東洋経済新報社の記者時代には会社四季報の執筆をしたりしましたが、実務で使えるほどのレベルではありません。今回、スタートアップファイナンスに関する著作を読み漁って勉強しましたが、知らないことだらけで、「無知のまま起業したらやばかったなあ」と冷や汗をかきました。

基礎知識は、『起業のファイナンス』を読み込めば十分です（私は3回読みました）。続編の『起業のエクイティ・ファイナンス』もありますが、専門性が高いため、起業初期に読む必要はありません。他には、翻訳書としては、『VCの教科書』（スコット・クポール著）、『爆速成長マネジメント』（イラッド・ギル著）にも目を通しておいた方がいいでしょう。

コンパクトに要点や最新テーマを理解する情報源としては、VCであるCoral Capitalのブログが充実しています。他に、東京大学 FoundX（東大卒業生の起業家向けに個室やサポートを提供する無償のアクセラレータープログラム）のディレクターを務める馬田隆明さんのスライドシリーズもおすすめです。「はじめての資金調達」などのテーマがコンパクトに解説されています。

馬田さんはスライドの中で「資金調達の勉強を10時間以上してから資金調達に臨むこと。この勉強はかなりコスパのよい時間投資になる」とアドバイスしていますが、私は1週間くらい集中的に勉強してもいいと思います。（注42）それぐらいの価値があります。創業期のファイナンス戦略の過ちは、後から取り返すことができませんので、受験生に戻った気分で、知識を頭に叩き込みましょう。

（2）最初の資本構成に気をつける

ネットフリックスの韓国ドラマで「スタートアップ：夢の扉」というヒット作品があります。第6話で、主人公である起業家が、創業メンバー間の持株配分をめぐって、アドバイザーのベンチャーキャピタリストから叱られるシーンがあります。

当初の提案は、プログラミングの天才であるＣＴＯが19％を保有し、残りの5人のメンバーが16％ずつ均等に保有するものでした。この株式名簿を見たベンチャーキャピタリストは「マイナス１００万点」と一刀両断します。「この株主名簿を見て投資するバカは1人もいません。なぜなら、美しい分配が代表の弱みとなるから」

それを受けて、ＣＴＯの持分を35％とする案を出しますが、それも一蹴されます。

「じき、投資家から出資を受けるでしょう。そしたら35％なんて一瞬で投資家に逆転される。誰かが投資家と組んだら会社を自由に操ることもできるし、売却もできる。それを防ぐためにもキーマンに株を集めないと会社は続かない」

　では、どうキーマンを決めて、その人の持分比率を何％にすればいいのでしょうか。その問いにベンチャーキャピタリストはこう回答します。

「この会社において欠かせない人物。最低60％、理想は90％以上」

　このアドバイスに則って、最終的には、ＣＴＯの創業者が64％を保有し、その他メンバーが７％ずつ保有する形に落ち着きます。

　このストーリーは、ドラマの中だけではなく、現実のスタートアップにおいても正しい教訓です。共同創業者と創業するにしても、誰か一人が最低でも50％以上のシェアを持つ。すぐに調達で希薄化することを踏まえると、最低でも60％は持っておいた方がいいということです。

　理由はシンプルです。意見が割れた時に、最後に決定できる一人の人物がいないと物事を決断できなくなるからです。スタートアップの最大の武器はスピードなのに、スピードを削ぐような体制になってしまうのです。

　共同創業者であっても、いつ仲間割れするかわかりません。仲睦まじい夫婦でもいつ離婚するかわからないのと同じです（他のリスクシナリオとして、事故や病気などで経営が続けられなくなることもあり得ます）。だからこそ、誰がリーダーシップをとるのかを、資本政策ではっきりと示さないといけないのです。

もちろん、この法則は絶対ではなく、創業者同士で均等に近い比率で分け合ってうまくいった例もあります。マネーフォワード、ユーザベース、HEROZなどのスタートアップです。私はまさにユーザベースの社員でしたが、創業者3名のチームワークや信頼関係は強固でした。「このメンバーで絶対にうまくやっていける」という絶対の確信があれば、あまり差を付けずに株式を分け合うのもNGではありません。

もう一つのポイントは、創業者間契約です。離婚と同じように、別れの時の条件を事前に決めておくのです。創業時に創業者間契約を結んで、「上場前に会社を辞める時には、自らの保有する株式を創業者に返還する」といった契約書を結びます。

これまで日本では、保有株式を全て返還する契約が一般的でしたが、最近は、ベスティングを入れる例も出てきています。ベスティングとは、一定の時の経過に応じて権利を確定させる契約条件のことです。創業者間契約の場合、自分の持分のうち、1年ごとに25%ずつ権利が確定し、4年間経営メンバーであり続ければ、100%の権利（=持分）を退任後も保有できるということです。私自身は、ベスティング付きの方がフェアだと考えて、創業メンバーとはベスティング付きの創業者間契約を結びました。

(3) 最初の資金調達では外部調達を最小限にする

もう一つの教えは、資金調達のために放出する自らの持分はできるだけ少なくすることです。持株とは、起業家にとって、自分の体のようなものと言えます。資金調達とは、その体を切り刻んで投資家に渡す代わりに、資金を得るようなものです。

各ラウンドで増資をして調達をするたびに、自らの持分が10~20%程度希薄化することになります。当初から自分の比率が、6割だったらあっという間に5割を切って、議決権を単独で行使できなくなってしまいます。

未上場時は当然ながら、上場後も投資家に振り回されずに意思決定をしたい人は、上場後も50%以上を保有できる資本政策にすべきです。

そのためにも、もし貯金があれば、できるだけ自己資金で起業した方がいいでしょう。若くして大金を貯金から出すのは難しいでしょうが、40代くらいになると、数千万円の貯金がある人もいるはずです（住宅ローンでそれどころではないという方も多いでしょうが）。その貯金を使って自ら出資した方が、自分の持分を失わずにすんで、高い持分を維持できます。

借り入れを行うのも一案です。日本政策金融公庫の新創業融資制度の場合、審査に通れば、担保・保証人は原則不要で3000万円（うち運転資金1500万円）まで借りられます。スタートアップはリスクが高いため、借り入れよりも出資の方が相性はいいですが、担保・保証人不要であればリスクは限定的です。

そうして自己資金や借り入れを中心に始めてみて、しっかりトラクション（実績）を出す。そうすれば、企業価値も自然と上がりますので、最小限の持分放出で必要資金を調達しやすくなります（企業価値50億円の時に10億円を調達するには、20％の持分放出が必要ですが、企業価値100億円であれば、10％の放出ですみます）。大まかな目安としては、「1～1年半ごとに資金調達を繰り返す」のがちょうどいいでしょう。

当然のことながら、資金調達に唯一の正解はありません。「今は資金調達環境がよく、手がける事業への期待値も高いので、シード期から大型調達をする」という選択肢もありです。シリアルアントレプレナーの場合は、すでに実績もあって、信頼をベースに調達することができるため、初期に大型調達を行い、プロダクト・サービスづくりに集中することもできます（資金調達中は集中力が削がれて、生産性が3分の1になるとも言われます。最も重要なリソースである創業者の時間と集中が奪われてしまうのです）。

最近も、グノシー創業者の福島良典さんが作ったレイヤーX（ブロックチェーンやDX関連の開発などを行う）は創業時に30億円を調達していますし、会員制宿泊予約サイト「Relux（リラックス）」創業者の篠塚孝哉さんは、令和トラベルを起業してからわずか3カ月後に、22・5億円を調達しました。シードラウンドで二桁億円を調達できる時代が日本にも到来しているのです。

我々の会社も創業から間もなく、3億円の調達に成功しましたが、それは過去の実績とチームの力が評価されたからです。「実績＝信頼」があればあるほど、有利な条件で調達ができるのです。

（4）相性のいいベンチャーキャピタルを精選する

初期のシード投資には、自己資金やエンジェル投資を活用することもできますが、シリーズA（シードの次のラウンド）まで来ると、調達規模が大きくなるため、ベンチャーキャピタルからの出資が中心になります。近年は調達額がどんどん大きくなってきていますが、一つの目安を次ページの表に示しています。

ポイントとなるのは、リード投資家の選定です。リード投資家とは、複数の投資家の中でラウンドをリードする投資家であり、多くの場合、最大出資者となります。起業家側と協力してラウンドの条件（価格、ガバナンスなど）を決めるのも、リード投資家の役割です。しかも、当該ラウンドのみならず、それに続く次回のラウンドでも、他の投資家に声をかけたり、条件を決めたり、リード役を担います。いわば、外部のCFOのような存在です。リード投資家の力量によって、調達条件が大きく変わってくるのです。

しかも、一度、リード投資家を決めると、入れ替えたり、追い出したりするのは容易ではありません。だからこそ、複数の投資家と会って、念入りに相性を見定めるべきです。お金を出してくれるVCは増えているので、起業家側は過度に下手に出る必要はありません。今は、投資家よりも起業家の方が強い時代なのです（特に、起業家が少ない日本では）。

VCを選ぶ基準として、価格（企業価値の評価）は主な判断材料となりますが、それ以外にも5つポイントがあります。

ステージ別の投資の特徴

	プレシード（エンジェル）	シード	シリーズA	シリーズB	シリーズC後
資金調達額の相場	数百万円〜数千万円	1,000万円〜1億円	2〜8億円	5〜25億円	20億円以上
時価総額の相場	数億円	1〜7億円	3〜30億円	10〜80億円	50億円〜
起業家の放出株割合	1〜15%	5〜15%	15〜30%	10〜25%	10〜25%
主な資金用途	製品開発	製品開発 成長仮説検証	成長（製品開発、採用）	成長（製品開発、組織化、マーケ）	成長（次製品開発、組織化、マーケ）
投資家	エンジェル投資家	エンジェルやシード投資家	VC	VC	VCなど
VCの想定リターン倍率	50〜1,000倍	20〜100倍	10〜50倍	数倍	数倍

出所）資金調達をはじめる前に知っておきたいこと（馬田隆明）

1つ目は、相性です。ミッション、ビジョン、バリューとのフィットと言い換えてもいいかもしれません。幹部社員の選定と同じです。リード投資家は、一緒にビジョンを達成していく、一心同体のパートナーです。利害が分かれることもありますが、基本的には「会社を成長させて、時価総額を上げて、世の中にインパクトを出す」という目標は一致しています。「この人と働きたい」「この人と一緒に成功したい」「どん底の時に相談に乗って欲しい」と心から思える人をシンプルに選ぶのがいいでしょう。特にリード投資家とは長い付き合いになるため、相性が悪いと地獄です。

２つ目は、スキルです。これは擬似ＣＦＯとしてのファイナンスの手腕はもちろんですが、自らの手がける事業領域に関する知見も含まれます。もしあなたが、ＡＩを軸としたビジネスをするのであれば、ＡＩに詳しい投資家の方が、鋭いアドバイスをくれるはずです。海外投資家からの調達も視野に入れていくのであれば、英語に強く、海外投資家とのネットワークのある投資家の方がいいでしょう。今はＶＣも増えて、「どの分野に強いか」が明確になっていますので、スキル面でのマッチングも意識しましょう。

３つ目は、提供価値です。今は起業家にとって売り手市場になっています。あなたが有望な起業家であれば、「資金の提供以外にどんな価値を提供してくれるのか」を率直に問うのもいいでしょう。営業先を紹介してくれるのか、ＣＸＯ人材を紹介してくれるのか、メディアと繋いでプロモーションの機会を作ってくれるのか、オフィスを提供してくれるのか、などなど。スタートアップを成功させるために、投資家の力をフルに引き出していきましょう。

４つ目は、ファンドの規模です。日本のＶＣは、数十億円から数百億円の規模が一般的です。シードやアーリーステージのリード投資家には、その後のラウンドでも投資し続けてもらえると、コミュニケーションコストを抑えられて何かと好都合です。そのためにも、一定の規模があるファンドをリード投資家とするのがいいでしょう。

５つ目は、ファンドの期間です。ファンドには還元期間が設定されていて、組成から10年が目安です。それまでに、ファンドは結果を出して、資金の出し手である投資家にリターンを返さないといけません（期間を延長するケースもあります）。もしファンドの期限まで5年しかなければ、あなたは5年以内のＩＰＯを迫られる可能性があります。そうすると「もっと未上場で踏み込んで投資をしたかったのに、上場したがゆえに赤字が許されなくなって、成長スピードが鈍化してしまった」という不幸なシナリオになりかねません。あまり上場を急かされたくない、未上場で踏み込む期間を長くしたいというスタートアップは、償還期限に余裕のあるＶＣと付き合うのがいいでしょう。

（5）ストックオプションをフル活用する

スタートアップが使える最大の武器の一つが、ストックオプションです。

ストックオプションとは、報酬として付与される無償の新株予約権のことを指します。新株予約権とは、定められた条件により株式の交付を受けられる権利です。わかりやすく言うと、会社の株式を安く買える権利のことです（もちろん、会社の価値が順調に上がった場合です）。

繰り返しですが、日本のスタートアップはまだまだ給与水準が高くありません。しかも、大企業に比べると、安定性でも著しく劣ります。そのギャップを埋める切り札こそが、ストックオプションなのです。

ストックオプションには他のプラス効果があります。みんなが同じ船に乗りやすくなるのです。企業価値を上げることが、経営陣や投資家のみならず、社員にとってもメリットになるため、同じ方向を向きやすくなります。

上場企業ではありますが、ポケトークで有名なソースネクストの松田憲幸社長は、2012年にシリコンバレーに移住してから、会社の施策としてストックオプションを全社員に配ることを決めたそうです。入社すぐの新入社員も含めてです。しかも、2年ごとに配り続けて、付与から2年経ったらすぐに行使できるシンプルな形にしています。

その理由を松田社長はこう語っています。

「シリコンバレーでは全社員が自社の株やストックオプションを持つことが当たり前だと聞いて、私は考えを改めざるを得ませんでした。（中略）

社員全員が株を持っているということが会社の成長に大事で、0か1かでいえば1であることが極めて重要だと思いました。社員は株を持つことで自社の利益について敏感になるでしょうし、会社と自分との一体感をより持つはずです。株主にとっても社員のモチベーションを高めることは、極めて重要なことです。これも私がシリコンバレーに移住しなければ、生まれなかった変化のひとつです」(注43)

似た思想を持っているのがメルカリです。発行済株式数に占めるストックオプションの比率は10～15％が一般的ですが、メルカリは20％を発行し、多くの従業員にストックオプションを付与しました。その狙いを山田CEOはこう語っています。

「私自身が、何もないときに何億円も投資してもらったり、育ててもらったりしてきました。その経験があるので、自分も創業者利益がどうこう、というよりは、会社として

ストックオプションとは

新株予約権とは、会社法に基づいて発行される『有価証券』であり、定められた条件（権利行使価格・権利行使期間等）により当該株式会社の株式の交付を受けることができる『権利』

報酬として無償付与する新株予約権
＝ストック・オプション

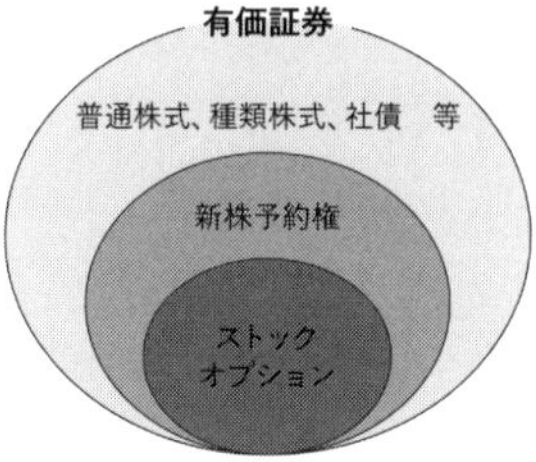

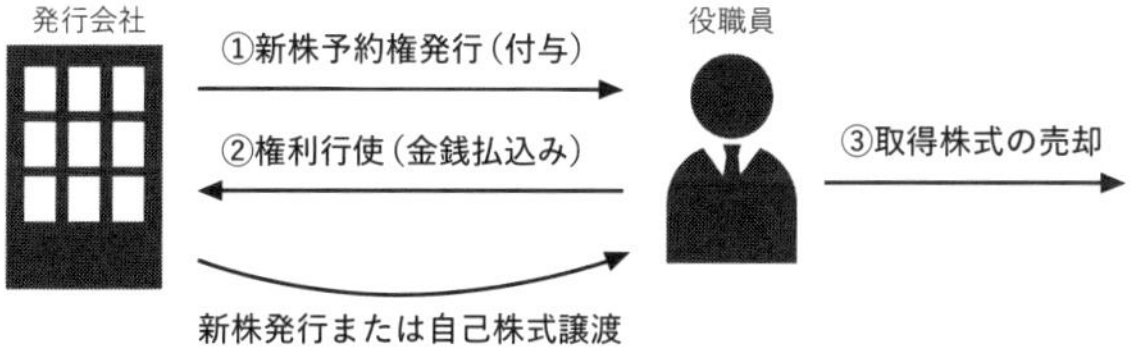

ストックオプションの経済効果

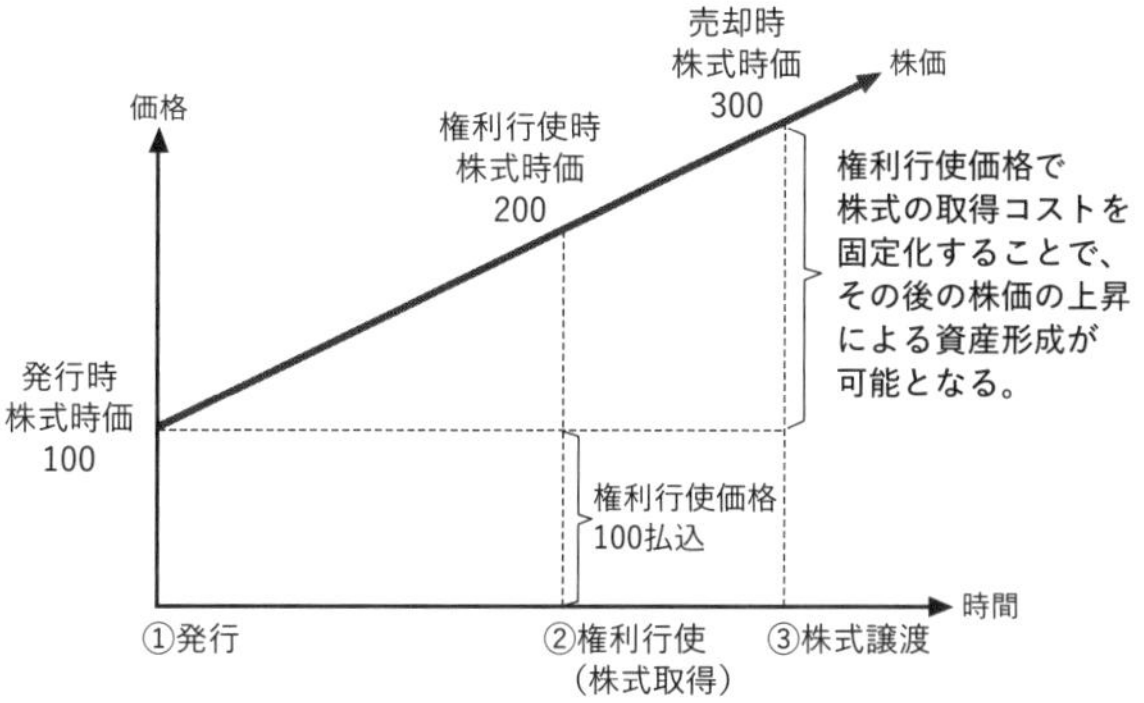

出所）プルータスコンサルティング

得た利益をみんなで分かち合いたいと思ったからです」

「それに、ストックオプションって事業に価値が生まれなければ何の意味もない。みんなで頑張って、我々の事業に価値をつけよう、という意図もあります。そのことで社員が、投資したいとか、別の会社を起業したい、と思うようになれば、シリコンバレーのような起業のエコシステムが成長してくるのではないでしょうか[注44]」

ストックオプションをどのくらいの社員に配るかは会社の戦略と創業者の哲学によります。一部幹部のみに配る会社もあれば、傾斜は付けながらも、ほぼ全従業員に配る会社もあります。唯一の正解はありません。ただし、ストックオプションの政策には、トップの思想が滲み出て社内外に伝わりますので、じっくり練り込んだ方がいいでしょう。

ストックオプションは、できるだけ早い時期に、できるだけ高い地位で参画したメンバーに対して厚く付与するのが通例です。ただし、創業初期に入社した人に多くのストックオプションを渡してしまうと、創業期以降に配布する割合が減ってしまいます。順調に成長した場合、創業期以降により優秀な人材を採用できるようになりますので、ストックオプションというインセンティブがないのはもったいない。

そこで近年は、「信託型ストックオプション」を採用する企業も増えています。

この信託型のメリットは、ストックオプションの付与対象者を「後決め」できることです。予めストックオプションをプールしておくことで、個人の実績を踏まえた事後的な付与が可能になります。しかも、企業価値が低い時期に発行しておけば、当時の条件

（権利行使価格など）を「冷凍保存」して、未来の採用候補者にも提示することができます。

それによって、「早い時期に幹部として入社したので、多くのストックオプションを付与したのに、さっぱり実績が出ない」「この人を是非とも採用したいのに、ストックオプションを配り終えてしまって付与できない」といったことを避けられます。

しつこいですが、ストックオプション戦略は、会社の未来にも、個人の未来にも大きなインパクトがありますので、創業時に丁寧に組み立てましょう。

ここまで本章では、スタートアップ成功のステップを5つ記してきましたが、これはほんの触りに過ぎません。起業家は、パートナーやメンバーや外部のアドバイザーの力を借りながらも、最後は自分で決断します。しかも、全科目をカバーしないといけません。永遠に続く、実践型の東大受験のようなものです。つねに走りながら学んで、実践しながら学んで、失敗しながら学ぶ。永遠の学生になるのです。

私自身、起業のスタートラインに立つまでに、100人以上の方々からアドバイスやフィードバックをもらい、100冊以上の本を読み、100回以上のプレゼンをしてきました。その中から、これはぜひ皆さんにおすすめしたい、と感じた書籍30冊を紹介してこの本を締めたいと思います。

私の学びはこれからも永遠に続きます。そのエッセンスは、2022年初めに立ち上がる経済コンテンツアプリ「PIVOT」にて記事や動画や音声で配信していきます。スタートアップの最新事情や体系的なスキルセット、組織内外で活躍するアントレプレナーのストーリーを楽しみたい方は、ぜひPIVOTのアプリをダウンロードしてみてください。

PIVOTを通じて、濃くて面白い経済コンテンツをみなさんに届けることによって、日本の経済社会をより楽しくしていく。そんなビジョンを実現できるよう、経営とコンテンツづくりに打ち込みます。

【書籍全般】

『ゼロ・トゥ・ワン』(ピーター・ティールほか著)
『ビジョナリー・カンパニーZERO』(ジム・コリンズほか著)
『イノベーションと企業家精神』(P・F・ドラッカー著)
『STARTUP』(堀新一郎ほか著)
『ブリッツスケーリング』(リード・ホフマンほか著)
『インスタグラム』(サラ・フライヤー著)
『失敗を語ろう。』(辻庸介著)
『突き抜けるまで問い続けろ』(蛯谷敏著)
『爆速成長マネジメント』(イラッド・ギル著)

『起業のファイナンス』（磯崎哲也著）
『起業のエクイティ・ファイナンス』（磯崎哲也著）
『VCの教科書』（スコット・クポール著）
『スタートアップ投資ガイドブック』（小川周哉ほか著）
『エンジェル投資家』（ジェイソン・カラカニス著）
『僕は君の「熱」に投資しよう』（佐俣アンリ著）
『起業家とつくった起業の教科書』（トーマツベンチャーサポート著）
『一生を賭ける仕事の見つけ方』（斎藤祐馬著）
『Yコンビネーター』（ランダル・ストロス著）
『ソフトウェアファースト』（及川卓也著）
『世界最速ビジネスモデル』（井上達彦ほか著）
『中国オンラインビジネスモデル図鑑』（王沁著）
『プロダクトマネジメントのすべて』（及川卓也著）
『起業の天才！』（大西康之著）
『NO RULES』（リード・ヘイスティングスほか著）
『NETFLIXの最強人事戦略』（パティ・マッコード著）
『起業は意志が10割』（守屋実著）
『V字回復の経営』（三枝匡著）

『戦略プロフェッショナル』（三枝匡著）
『9割の社会問題はビジネスで解決できる』（田口一成著）
『逆説のスタートアップ思考』（馬田隆明著）
『苦しかったときの話をしようか』（森岡毅著）

おわりに　70年サイクルが終わり、企業家の時代が来る

日本の歴史には「70年のサイクル」があるとよく言われます。司馬遼太郎や、2021年に、鬼籍に入られた半藤一利さんが提唱しているものです。

その中身は、日本は70年で繁栄と衰退を繰り返していくというものなのですが、最近、「なぜ70年なのか」腹落ちしてきました。

それは人材のサイクルなのだと思います。歴史家の磯田道史さんは、明治維新後のリーダーを3つの世代に分けています。

第一世代は、明治維新の立役者。江戸後期（1820〜40年代）に生まれ、維新を成し遂げた志士たち。西郷隆盛（1827年生）、大久保利通（1830年生）、木戸孝允（1833年生）、伊藤博文（1841年生）、坂本龍馬（1836年生）、福澤諭吉（1835年生）、岩崎弥太郎（1835年生）といった面々です。この世代は、西欧諸国に学びながら、近代日本をゼロイチで構想していきました。現場で鍛え抜かれた、全体知を持つジェネラリスト型のリーダーであり、徹底した成果主義で選ばれた人材です。

それに続く第二世代は、司馬遼太郎の『坂の上の雲』に出てくる主人公たち。慶応か

ら明治初期（主に1860年代）に生まれて、欧米で最先端の知識を体得してきたスペシャリストです。秋山好古（1859年生）、秋山真之（1868年生）、正岡子規（1867年生）、夏目漱石（1867年生）たちです。こうした第二世代を、江戸時代の生き残りである、児玉源太郎（1852年生）、東郷平八郎（1848年生）、高橋是清（1854年生）、山本権兵衛（1852年生）、大山巌（1842年生）といった元サムライのリーダーが導いたことで最強チームができました。

「外国語はあまり得意ではなく、専門知も十分ではないけれども、大局観を持ち、総合知に富んだ第一期エリートとスペシャリストとしての高度な教育を受けた第二期エリートの組み合わせは最強であった。その力がもっとも発揮されたのが、日露戦争といってよい」。そう磯田さんは分析しています。(注45)

そして第3世代は、明治の半ばから終わりに生まれ、日本を敗戦に導いたリーダーたち。東條英機（1884年生）、近衛文麿（1891年生）、広田弘毅（1878年生）、米内光政（1880年生）たちです。第3期リーダーの特徴は、筆記テストをベースにした学校秀才タイプが多かったこと、陸軍、海軍などの蛸壺《たこつぼ》化が進み、広い視野から物事を判断するジェネラリスト的能力を持ち合わせていなかったことです。かつ、内向きの思考に陥り、国際情勢やテクノロジーの流れを読み誤ったことです。

ここまで聞いて、コロナ禍の日本で起きたことは、第3世代にそっくりだと思いませんか？

デジタル化を怠ったが故に、アナログな紙と手作業に頼らざるをえず、給付金の給付すら効率的に行えない。ワクチンのオペレーションもままならない。野党もメディアも当事者意識や対案もなく、ひたすら危機を煽る。各省庁も、医師会も、地方自治体も、企業も、自らの視点でしかものを考えられず、全体を束ねる人がいない。東京五輪の開会式も司令塔不在でバラバラでした。

つまり、今、眼前で起きていることは、偶然ではなく必然であり、日本の歴史的な宿痾のようなものです。コロナ対応をめぐり、政府批判が喧《かまびす》しいですが、それは政府だけの問題ではなく、日本全体の問題です。政治に限らず、企業やメディアなど、あらゆるセクターでリーダーの質が落ちに落ちている。コロナ禍は、我々がうっすらと感じていた「不都合な真実」を露にしただけなのです。

菅前首相や日本政府は、ある意味、現代日本の鏡なのです。

だからこそ、歴史に学びながら、同じ過ちを繰り返さないように、立ち上がらないといけません。先程の70年サイクルに当てはめると、次のサイクルの第一世代が生まれる好機が到来しているとも言えるのです。

敗戦後、日本を復活させるべく立ち上がり、繁栄の70年サイクルを生み出したのは、1900年から1920年に生まれた起業家たちでした。井深大（1908年生）、盛田昭夫（1921年生）、本田宗一郎（1906年生）、藤沢武夫（1910年生）、松下幸之助（1894年生）、豊田英二（1913年生）といった創業リーダーたちが、自動車、家電などを通じて、人々の生活を豊かにするとともに、日本の製造業を世界トップに育て上げました。

こうした第一世代に率いられて、現場で奮闘したのが、1940年〜50年代生まれの第二世代。中心をなすのが、団塊の世代（1947年〜49年生まれ）です。人口ボリュームの多いこの世代は、豊かな生活を目指して、がむしゃらに働きました。幼少時代が貧しかっただけに、ハングリー精神が凄まじかった。専業主婦の母親と企業戦士の父親が2人の子どもを持って、マイホームで暮らすという「幸せのモデル」を生み出したのです。しかし、この第二世代は、現場の兵隊として働くのには向いていましたが、リーダーとしての才には乏しかった。

だが、次の世代に期待することもできません。1960年〜70年代生まれの第3世代は、戦争も貧困も知らない世代。その典型が、1960年代後半のバブル世代です。第一世代が生み出した繁栄サイクルの果実を得るのみで、新たなサイクルを作る能力にも意思にも乏しい。1970年代生まれ、特に団塊ジュニア世代（1971年から74年生まれ）は就職氷河期にも重なったため、そもそも十分な就業チャンスに恵まれなかった。リーダーへと育つ十分な機会すら与えられていません。

つまり、このままでは、全体知も、高度な専門知も、ハングリー精神もない、第2世代の生き残りや、第3世代が、日本のリーダーでい続けることになってしまいます（もちろん、世代論は乱暴なところがあり、例外もあります。しかし、全体的な傾向として、

う。世代論は有効だと私は思っています）。そうなると、日本の没落は決定的になるでしょ

そうならないように、新しい世代、１９８０年代以降の世代が、早く世の中の中心に入って、新たなサイクルを生み出さないといけません。

戦後の成功体験に溺れることなく、デジタルをネイティブに使いこなし、世界の流れを鋭敏に捉えながら、新しい日本のアイデンティティを構想することができるリーダー。そういう人が続々現れないといけません。そして、上の世代の真の応援者を探すとともに、下の世代の人々も味方につけていく。私自身も世代間闘争は不毛だと思いますし、世代で分断せずに、皆が幸せになるのがいい世の中だと思っています。しかし、リーダー層、この国を舵取りする人々は、世代間闘争をしてでも、代替わりしていくべきだと思っています。

そして、もっとも綺麗に、素早く、社会のためになる形で、新たなサイクルを生み出す手法が、「企業家が増えること」だと思うのです。ここで改めて、起業家でなく、企業家という言葉を使ったのは、「皆が会社を起こして一攫千金《いっかくせんきん》を狙うべき」と言いたいのではなく、「大きい組織の中でも、小さい組織の中でも、一人の国民としても、企業家として新たな構想や挑戦をする人が増えて欲しい」という願いを込めたいからです。

日本は今、あらゆる分野で企業家を渇望しています。

日本の新たなアイデンティティを構想する「アカデミック企業家」、日本のコンテン

ツを世界に広げる「コンテンツ企業家」、新時代にあった法律や政策を考える「政策企業家」、地域のあり方を考えていく「ローカル企業家」、コロナで露呈した医療の問題を解決する「医療企業家」、日本のアートを活性化させる「アーティスト企業家」、学校教育を変える「教育企業家」、世界最高レベルの日本の食をさらに進化させる「フード企業家」などなど。特に若い人にとっては、いろんな分野で企業家として名を上げ、世の中に貢献するチャンスに満ち満ちているのです。

10年後の日本が、ハングリーでノーブルな企業家に溢れた「企業家大国」になる。一人一人が内なる企業家精神に火をつければ、そんな未来をきっと実現できます。私自身も、企業家として世の中に有為な存在となれるよう、仲間とともに、次の10年を全力で駆け抜ける覚悟です。

注記

1 平成28年経済センサス―活動調査（確報）によると、「法人」（会社以外の法人を含む）が187万7438企業（全企業等の48・7％）、「個人経営」が197万9019企業（同51・3％）となっている。

2 ピーター・ドラッカー『イノベーションと企業家精神』ダイヤモンド社、2007年、Kindleの位置No.124-127。

3 米倉誠一郎「経営革命：イノベーション遂行者としての企業家（アントルプルヌア）」『学術の動向』2015年11月号。

4 ピーター・ティール『ゼロ・トゥ・ワン』NHK出版、2014年、p.29。

5 ティモシー・バトラー「起業家型リーダーを見極める方法」『DIAMOND ハーバード・ビジネス・レビュー』2017年8月号。

6 「【イモトのWiFi 社長】売り上げ98％減。瀕死から1年でV字回復」NewsPicks、2021年4月20日（https://newspicks.com/news/5765865）

7 イーロン・マスク「工場を寝床にしちゃうくらい、Teslaモデル3の生産は大変」、GIZMODO、2018年4月14日（https://www.gizmodo.jp/2018/04/elon-musk-tesla-model3.html）

8 「【津賀一宏】経営危機からイーロン・マスクまで、戦いの9年間」NewsPicks、2021年3月22日（https://newspicks.com/news/5702391/）

9 平井一夫『ソニー再生』日本経済新聞出版、2021年、p.169。

10 「商社 大転換」『週刊東洋経済』2021年6月5日号。

11 「35名が6億円以上の資産、メルカリが証明したスタートアップドリーム」NewsPicks、2018年6月20日（https://newspicks.com/news/3111709/）

12 「「三菱商事にいたころの自分はダサかった」――起業家・黄皓が捨てた商社のプライド」ＯＮＥ ＣＡＲＥＥＲ、２０２１年5月17日(https://www.onecareer.jp/articles/2089)
13 リード・ヘイスティングス、エリン・メイヤー『ＮＯ ＲＵＬＥＳ』日本経済新聞出版、２０２０年、p.155。
14 「林真理子『なぜ女の私が、いつも食事代を奢ってきたか』」プレジデントオンライン、２０１４年1月13日(https://president.jp/articles/-/15755)
15 佐々木紀彦『米国製エリートは本当にすごいのか?』東洋経済新報社、２０１１年、Kindleの位置No.1200-1217。
16 ピーター・ティール『ゼロ・トゥ・ワン』p.114。
17 守屋実『起業は意志が10割』講談社、２０２１年、Kindleの位置No.1021-1023。
18 ピエール・アズレー、ベンジャミン・F・ジョーンズ、J・ダニエル・キム、ハビエル・ミランダ「起業家として成功したいなら若いうちに挑戦すべきという思い込み」ハーバード・ビジネス・レビュー、２０１８年8月30日(https://www.dhbr.net/articles/-/5494)
19 ノーム・ワッサーマン『起業家はどこで選択を誤るのか』英治出版、２０１４年、p.86。
20 ソニーホームページより(https://www.sony.com/SonyInfo/CorporateInfo/History/SonyHistory/2-06.html)
21 ノーム・ワッサーマン『起業家はどこで選択を誤るのか』pp.58-65。
22 「【佐山×堀江×楠木】スモールＩＰＯに意味ある? NewsPicksの未来」NewsPicks、２０１７年1月6日(https://newspicks.com/news/1929311/)
23 Stanford Graduate School of Business, 2020 Search Fund Study, August 13,2020.
24 田口一成『9割の社会問題はビジネスで解決できる』ＰＨＰ研究所、２０２１年、pp.39-40。
25 「紙媒体のネットシフト、Indeed買収――リクルートの新社長・出木場久征氏が語る『成果を出す思考法』」ＤＩＡＭＯＮＤ ＳＩＧＮＡＬ、２０２１年7月26日(https://signal.diamond.jp/

articles/-/782）

26 「【斎藤祐馬】大企業内30代社長が、未来の日本経済を左右する」NewsPicks、２０２０年６月２日（https://newspicks.com/news/4951939/body/）

27 「なぜ、ソニーが『新規事業』を支援するのか?」NewsPicks、２０２１年３月18日（https://newspicks.com/news/5673129/）

28 「【小林×村上】社外取締役は、裸の王様に『あなたは裸だ』と言えるかが問われる」NewsPicks、２０２０年12月31日（https://newspicks.com/news/5497592/）

29 峯島正行『回想 私の手塚治虫』山川出版社、２０１６年、p.308。

30 古野俊幸『宇宙兄弟とＦＦＳ理論が教えてくれる あなたの知らないあなたの強み』日経ＢＰ、２０２０年、p.286。

31 ピーター・ティール『ゼロ・トゥ・ワン』p.143。

32 「メルカリ激動の5年間は挑戦の連続だった。日経編集委員の奥平氏がメルカリ小泉に切り込む『ＴＨＥ ＢＵＳＩＮＥＳＳ ＤＡＹ 02』レポ」mercan、２０１８年10月15日（https://mercan.mercari.com/articles/2018-10-15-114111/）

33 「『マッキンゼーの支社長にもプログラミングをやるべきと言われた』10兆円のリスクマネジメントを経験したFinTech起業家が非エンジニアから5週間で生み出したサービス」テックキャンプブログ、２０２０年６月８日（https://tech-camp.in/note/interviews/273/）

34 『突き抜けるまで問い続けろ』ダイヤモンド社、２０２１年、p.55。

35 「【西口一希】これからの勝ち筋は『ニッチ』にしかない」NewsPicks、２０２０年８月29日（https://newspicks.com/news/5172184/）

36 「【Airbnb CEO】起業家の重要な教訓『スケールしないことをやれ』」NewsPicks、２０１９年10月17日（https://newspicks.com/news/4224810/）

37 ノーム・ワッサーマン『起業家はどこで選択を誤るのか』p.117。

38　ポール・グレアム「私たちが創業者の中に探すもの」２０１０年10月（http://www.aoky.net/articles/paul_graham/founders.htm）
39　「【牧野正幸】ベンチャーは自己成長に振り切れ」NewsPicks、２０２１年6月14日（https://newspicks.com/news/5923197）
40　大西康之『起業の天才！』東洋経済新報社、２０２１年、p.87、p.91、p.207。
41　「藤田晋から学生へのメッセージ 10年前から変わらぬ『成長産業に身をおくべき』という想い」FEATUReS、２０１９年3月1日（https://www.cyberagent.co.jp/way/features/list/detail/id=22837）
42　馬田隆明「資金調達を始める前に知っておきたいこと」（https://speakerdeck.com/tumada/zi-jin-diao-da-woshi-meruqian-nizhi-tuteokitaikoto-hazimetefalsezi-jin-diao-da-1?slide=122）
43　「【松田憲幸】ストックオプションを全社員に配る」NewsPicks、２０１９年3月27日（https://newspicks.com/news/3715168/）
44　「メルカリ、全社員に株購入権　起業マインドを後押し」ＮＩＫＫＥＩ ＳＴＹＬＥ、２０１６年9月27日（https://style.nikkei.com/article/DGXMZO07621720W6A920C1000000/）
45　磯田道史『日本史の探偵手帳』文春文庫、２０１９年、p.162。

装丁　関口聖司
DTP制作　エヴリ・シンク

著者

佐々木紀彦　Norihiko Sasaki

1979年福岡県生まれ。慶應義塾大学総合政策学部卒業、スタンフォード大学大学院で修士号取得（国際政治経済専攻）。東洋経済新報社で自動車、IT業界などを担当。2012年「東洋経済オンライン」編集長に就任。2014年ユーザベースに転職し、NewsPicks創刊編集長に就任。経済ニュースのDXのパイオニアとなる。2015年NewsPicks取締役に就任。2018年に電通との合弁会社NewsPicks Studiosを設立、代表取締役社長CEOに就任。落合陽一氏ホスト番組はじめ経済コンテンツの動画化をいちはやく手掛け、自らもMCとして出演する。2021年6月に経済コンテンツサービスを手掛けるPIVOT株式会社を創業し、ベンチャーキャピタルなどから3億円の出資を受ける。目標は「クリエーター・ドリーム、スタートアップ・ドリーム、ジャパニーズ・ドリームの3つのドリームを実現すること」。著書に『米国製エリートは本当にすごいのか？』（東洋経済新報社）、『日本3.0』（幻冬舎）、『編集思考』（NewsPicksパブリッシング）などがある。

起業《きぎょう》のすすめ

さよなら、サラリーマン

2021年10月30日　第1刷発行

著　者　佐々木紀彦《さ さ き のりひこ》

発行者　花田朋子

発行所　株式会社文藝春秋

〒102-8008 東京都千代田区紀尾井町3-23

電話　03（3265）1211

印刷所　凸版印刷

製本所　凸版印刷

©Norihiko Sasaki 2021 ISBN978-4-16-391459-6　Printed in Japan